アジア共生の課題と展望

―国際教養大学での学際的試み―

熊谷嘉隆・水野智仁 編

芦書房

はじめに

二〇二二年二月二四日、ロシアがウクライナへ軍事侵攻したとのニュースが全世界を駆け巡った。その前からロシアがウクライナとの国境に軍を移動させ侵攻に備えているとの報道はされていたが、マスコミの予測は、これは単なる脅しであり侵攻しないだろうというものが大半であった。ただ、それに反しロシアはウクライナへ軍事侵攻し、全世界がこの事実に衝撃を受けた。これは、第二次世界大戦以降紆余曲折を経て何とか築き上げられてきた世界秩序の大きな揺らぎを意味する。

この軍事侵攻は、また世界各国の安全保障への挑戦と受け止められ、特にロシアと米国を中心とするNATOとの緊張が日に日に高まっている。ロシアは当初、ウクライナの首都キーウを短期間で陥落させ、ウクライナに親露政権を樹立しようと試みたようだが、ウクライナ側の頑強な抵抗によって当初の目的を達成できずにいる。またロシアにとって大誤算だったのは、ゼレンスキー大統領の領土を守るとの断固たる意志とそれを全面的に支持する国民の揺るぎない決意であった。侵攻開始からNATO加盟各国はウクライナへの各種兵器、武器、弾薬、生活必需品、食料など様々な支援を継続的に行っており、今やロシアとNATOとの代理戦争の様相も呈してきている。また、今回の侵攻は、ロシアと中国そしてその同盟国、中立を保とうとする国々との温度差、距離感を浮き彫りにしている。わが国は早い段階から侵攻を非難する明確なメッセージを発信し、同時に米国とのさらに一歩踏み込んだ安全保障面における強化を打ち出しており、それは今後の防衛費増加に如実に反映されるだろう。

ただ、今回の侵攻におけるアジアの対応は中央、東、西、南、東南アジアで大きく異なっている。例えば、中国の習近平主席とプーチン大統領は、侵攻直前に両国の今後の連携に関して、かなり踏み込んだ発言をしたが、習もまさかロシアがウクライナを侵攻するとは思っていなかったようであり、その後の対応には苦慮している。一方、インドは明確に振興反対の意思表示をしつつも、ロシアからのエネルギー輸入を継続しており、侵攻を継続するロシア経済を間接的に支えている。中央アジア各国においても今まではロシアの強い影響下にあったが、今回の侵攻を機に距離の取り方に苦慮している。また、今回のロシアの軍事侵攻は、中国の台湾への侵攻シナリオと類似文脈で議論されてもいる。

一方、この軍事侵攻以前からアジア域内では緊張が続いており、中国による南そして東シナ海への継続的侵入はわが国でも連日のように報じられており、中印国境での紛争も続いている。ミャンマーに目を向ければ、軍部クーデターによってスーチー氏は追放され、軍事独裁政権は各国からの猛烈な非難にもかかわらず現在も続いており、混乱の出口は見えていない。北朝鮮によるミサイル実験も今までに無い頻度で実施されており、韓国の文前大統領時代が進めようとした南北宥和政策は、保守系大統領による政策転換もあり頓挫しており、両国の緊張は高まる一方である。

また、今回のロシアによるウクライナ侵攻は、世界各国の日常生活にも多大な影響を及ぼしており、特にエネルギー、食料品、建築資材、肥料などの品目において、価格が高騰し、各国はその対応に苦慮している。

ともあれ、今回の件は、一国の指導者の判断がここまで世界秩序やグローバル経済を混乱に陥れる事実を改めて我々に突きつけ、やはり世界は密接につながっていることを再認識させた。政治体制、イデオロギー、言語、宗教、歴史、習慣、ライフスタイル、文化面で極めて多様なアジアは、さらに揺さぶられており、この状況下でたとえ緩やかなものであるにせよアジア域内における共同体の確立などはたして可能なのかが問われている。

ただ、むしろこのような時だからこそ、アジア各国は気候変動や生物多様性喪失といった共通課題に立ち向かうべく意思疎通チャンネルを今まで以上に強化し、何に対して協働できるのかを協議すべきであろう。この数年来のＡＩ、ロボティックス、ワクチン開発に見られるように最先端技術の開発は各国のデータ共有や国境を越えた共同研究を通し格段に進歩しているが、国際関係の改善に関しては悲観的出来事が頻出している。過去の失敗を踏まえ各国は自国の主張のみの外交の限界を認識し、差異を素直に認め、少しでも相手目線での理解に努める必要があるだろう。

新型コロナの感染拡大も三年目を迎えたが、この人類共通の挑戦に対しワクチンの開発と接種普及において世界各国は驚くべき連携スピードでデータと知見の共有を図りつつ、これを乗り越えつつある。多くの国ではマスク無しの日常生活が戻りつつあり、各種規制も段階的に撤廃し始めている。二年以上厳格なコロナ政策を実施してきた中国も昨年末、突然ゼロコロナ政策を廃した。わが国でも新型コロナの感染症上の扱いを二類から五類へ二〇二三年五月八日を目処に転換することが協議されている。世界中で人の往来が活発化し、それにつれて落ち込んだ経済活動も元に戻りつつある。対面での活動が再開された今だからこそ、各国指導者は今回のロシアによるウクライナ侵攻を一刻も早く止めるべく対面での真摯な対話を通し、この混乱の出口を探るべきであろう。

ユーラシア財団 from Asia による寄附講座は、二年目となった二〇二二年も多彩な切り口で多様な講師を本学にお迎えして、講義を実施することができた。世界中から学生と教職員が集まる本学は小さいながらも極めて多様なコミュニティーを形成している。講座ではアジアにおける日本人コミュニティー、ユーラシアにおける政治力学的視点からみたウクライナ紛争、わが国におけるLGBT問題、台湾の同性婚合法化、香港における戦争の記憶と追悼、タイの民主主義の現在地、ASEAN域内における経済紛争処理の課題、高齢化と経済成長、アジアのキリスト教徒など、秋田県内の事例をも交えつつ、学習、議論した。話題によってはかなり緊張感を伴ったが、大切なのはどのような問題に対しても様々な角度から縦横に議論し共に学び合うことであろう。今回のロシアによるウクライナ侵攻等の出来事に直面するにつけ我々は無力感に陥りがちだが、そのようなときこそ、一人一人が問題に勇気を持って立ち向かい、地道な議論を重ねることこそ、これまで以上に重要になると思われる。対話を通してのみ緊張は緩和され得ることを確認し、そのうえで我々はどのような課題に対しても一歩前進できることを次に続く者たちに示す必要がある。本シリーズは、そのささやかな試みである。

公立大学法人国際教養大学　理事・副学長
熊谷嘉隆

もくじ

第1章　ロシア・ウクライナ紛争の政治的基盤

はじめに

二〇二二年二月二四日、ロシア・ウクライナ紛争（この名称については後に議論する）が勃発した。戦争から解放されたはずのヨーロッパにおいて大規模かつ古典的な地上戦が発生したことに世界は衝撃を受けた。この紛争がなぜ起こったのか、多くの人が理解に苦しむなか、報道、メディア、雑誌、書籍などの言論空間では様々な議論が展開されている。それらを大別すると三つの特徴があると思われる。そして、個々の議論は決して誤っているとは言えないものの、それればかりに注目することによって紛争原因に対する十分な理解から遠ざかっている印象をうける。

一つ目は、この紛争がなぜ起こったのかについての原因の考察よりも、誰が悪いのか、誰に責任を帰するべきか、という犯人探しが先行しているという特徴である。当然、戦争を始めたV・プーチン（Vladimir Putin）露大統領、あるいはロシア政府とロシア軍に多くの非難がむけられ、戦争とは直接関係のない一般のロシア人や民間企業も非難の対象となっている。その反動からか、V・ゼレンスキー（Volodymyr Zelensky）やウクライナの過激民族主義者、アメリカの覇権主義、NATOの東方拡大も悪いという対抗言論が台頭する。ロシアを悪者にするにせよ、あるいはその他を悪物にするにせよ、責任論から逸脱できてない点では大きく変わらない。それにもかかわらず、ウクライナ（あるいはアメリカとNATO）を非難することは悪しき客観主義に基づく思考で、ロシアを擁護することと等しいと抑圧される。善悪二元論的な言論の構図が生じている状況下では、いっさいの対抗言論は許されないようである。確かに、連日のように報道されるウクライナの一般市民に対する殺戮や民間施設への無差別攻撃を日々見せられると、ロシアを非難したくなる感情は十分に理解できる。ましてや、本来ならば国際秩序の維持に責任を持つ国連安保理の常任理事国によって始められた戦争ならば、なおさらである。ロシア政府による武力行使の決定とロシア軍による戦場での犯罪行為は、武力行使の権利に係る法（jus a bellum）や武力紛争下で武力行使の手段を規制する法（jus in bello）などの国際法規則に基づき追及されるべき問題であろう。犯罪者や犯罪行為を感情的に憎み非難することと、なぜ社会に犯罪が生まれるのかを考察することが区別されるように、紛争における責任論と原因論も、同様に分けて考える必要があるのではないか。

二つ目は、安全保障の専門家が、日本の安全保障政策的な見地から今回の紛争を論じるあまり、客観性に基づく考察が欠如しているという特徴である。例えば、日本政府は今回の紛争を

「ロシアによる武力を用いた一方的な現状変更」と表現している。これは、紛争当事者の片方を非難し、もう片方の側に立つ選択である。政策とは結局のところ主観的な価値判断に基づく選択である以上、アメリカの同盟国、さらにはG7の一員として、これらの国々と足並みを揃えることは政策判断としては理解できる。だが客観的な考察が求められる研究者が、例えば「ロシアによるウクライナへの軍事侵攻はプーチン大統領一人の企図と意思によって引き起こされた戦争である」(森本)のように、政策的思考に基づいて断定することは果たして妥当なのか。国際関係には当然、複数の行為主体(意図と利益を持つ国家を指すが、国家に限定されない)が存在する。そして様々な行為主体の相互交流のなかで紛争は発生し、その過程を考察するのが安全保障研究である。それにもかかわらず上記の指摘からは、あたかもプーチンのみを考察対象とすれば、紛争原因が明らかになると思い込んでいることが読み取れる。紛争というリアルな国際政治現象を語る際には政策的・政治的立場を取ることは避けられないと主張する専門家もいるが、それでは安全保障研究は御用学者の職業となるだけであろう。

最後に、国際政治現象として起こる紛争が専ら軍事的観点から議論され、紛争の背景にある政治的・歴史的要因に焦点が当てられていない。報道番組では、連日のように英語圏のシンクタンクの戦況分析に基づく詳細な邦訳解説がなされ、扱われている兵器やその効果についての丁寧な説明が行われている。現在進行形で戦争が継続中である以上、このようなミクロな軍事的見地にたった考察は重要なのかもしれない。またこの紛争の最終的な決着が戦況に依存しているため、戦況の推移に焦点を当てた報道はそれなりに意義があるともいえる。ただ紛争という現象を専ら軍事の観点から捉えていることによって、その背景にある構造的要因が明らかにされていないのではないか。

本章は、このような責任論、善悪二元論、軍事論、政策論に囚われることなく、国際安全保障の観点からロシアとウクライナの間でなぜ紛争が起こったのか、その原因を明らかにすることを目的とする。国際安全保障とは、紛争を主たる研究対象とする学問領域である。そこでの基本的な考え方に依拠してロシア・ウクライナ紛争を考えてみたい。

1 「第二次ドンバス紛争」の政治的基盤

「ロシアによるウクライナ侵攻」あるいは「ロシア・ウクライナ紛争」という名称で表現されることが多い今回の紛争であるが、以下では、あまり一般的ではない「第二次ドンバス紛争」をあえて用いる。確かにロシア軍によるミサイル攻撃と侵攻は、その規模の大小を問わず、首都キーウをはじめとしてウクライナ全域に及んでおり、決して東部のドンバス地域に限定されていない。また二〇二二年九月末にロシア政府が「併合」したウクライナの領土は、ドンバス二州（ルハンシクとドネツィク）だけではなく、ザポリージャとヘルソンの南部二州も含まれた。しかし、以下に詳細するように、今回の紛争の直接的原因は、二〇一四年に発生したドンバス地域における親露派分離主義の問題とその不始末である。ゆえに「第二次ドンバス紛争」と捉える方が的確であると考える。

しばしば「戦争は政治の継続である」と言われる。もし政治を古典的な定義に従って「希少価値の権威的配分」と理解するならば、戦争は希少価値の配分をめぐる武力を用いた争いといえよう。紛争後に確定された価値配分のことを「現状（status quo）」というが、唯一の権威（例えば中央集権的な政府）が存在しない国際政治において、「現状」は公正な第三者ではなく、あくまでも紛争当事者間の力関係によって成立する。そうである以上、紛争当事者による条約や協定などの制度によって、たとえその「現状」が安定化、固定化されることはあっても、「現状」に対して潜在的に不満をもつ行為主体は常に存在する。国際政治において、「現状」に対する紛争当事者間の認識が完全に一致することは稀であり、紛争（武力を用いた「現状」の変更）の蓋然性は永続的な問題となる。

このように紛争後の価値配分としての「現状」は、紛争原因を考察する際の重要な参照基準点（reference point）となる。つまり、「現状」はどのような条件下で成立したか、「現状」に対して不満を持っている者（現状変更国）、「現状」を維持したい者（現状維持国）は誰か、なぜ、いかに「現状」は変更されるに至ったか、などの問いを立てて考察するのが国際安全保障研究における基本的な分析枠組である。これに基づいて「第二次ドンバス紛争」に至る過程をみることにする。

2 参照基準点としての「ミンスク合意」（現状）

事の発端は二〇一三年一一月末にV・ヤヌコーヴィッチ（Viktor Yanukovych）大統領が、EUとの経済連携協定の署名を直前になって延期させたことであった。この決定をきっかけとして、ウクライナ首都キーウにあるマイダン（独立）広場で親欧米派市民による反政権デモが起こった。初めは平和的なデモであったが、翌年二月になると死傷者が出るほど暴徒化した。結局、ヤヌコーヴィッチ自身がロシアへ逃亡したことにより政権は転覆し、その代わりに親欧米派の暫定政権が誕生した。「マイダン革命」として知られるこの政変には、ウクライナの過激民族主義者やアメリカの政府高官も関与していたと言われている。

「マイダン革命」を受けて、ウクライナでは二つの親露派分離主義勢力がクリミアとドンバスで台頭した。二〇一四年三月一一日にクリミア自治共和国議会はウクライナからの独立宣言を採択した。一六日に実施された住民投票の結果、ウクライナからの独立とロシアへの編入が圧倒的多数で可決されると、ロシア政府は条約に基づいてクリミア編入を決定した。武力を用いた一方的な領土の組み入れや国民の意思に基づかない国境変更を示唆する「クリミア併合」という名称で知られる事件である。実際、二〇一四年二月末以降、国籍不明の武装集団がクリミアの政府、軍、民間施設を占拠しており、ロシア政府はその武装集団がロシア軍であったことを後に認めている。ロシア政府は、「併合」と武力介入の目的は、ロシア系住民の保護であったと正当化している。

クリミア半島は一九二二年のソ連結成時はロシア共和国の領土であったが、一九五四年にN・フルシチョフ（Nikita Khrushchev）による行政移管によってウクライナ領となった。ゆえにウクライナのどの地域よりもロシア系住民、ロシア語話者、親露派勢力が多数を占める地域である。ウクライナのソ連離脱を問う一九九一年一二月の国民投票においては、クリミア住民の五四％が賛成票（投票率は六七％）を投じたが、これはウクライナの他の地域と比較した場合、最も低い数値であった。一九九〇年にクリミア議会は五四年の行政移管を非難する決議をしており、翌年にはクリミア自治共和国の樹立を承認している。ソ連解体後の一九九三年に、ロシア議会は五四年のクリミア移譲を無効にする決議を採択し、これに呼応するかたちでクリミア議会はウクライナからの分離とロシアへの帰属替えを要求した。これは、ソ連を構成した共和国が一九二二年の連邦条約を無効にして離脱したならば、ソ連に入る前の領土に戻り、ソ連時代にウクライナの領土となった地域をロシアに戻すべきであるという考えに基づいている。

「マイダン革命」と「クリミア併合」を受けて、ドンバス地域のドネツィクとルハンシクの一部もウクライナからの分離独立へと動いた。もともとドンバス地域は、ドネツィク、ルハンシク、ロストフの三つの州を指していたが、スターリン時代に二つに分断され、ロストフはロシアに移された。ドネツィクとルハンシクは、ロシア帝政時代からソ連時代を通じて石炭と鉄鋼を主とする工業地帯として発展し、多くのロシア人労働者が流入したこともあり、現在に至るまでロシア系住民やロシア語話者が多数を占める地域である。彼らは、ウクライナ独立以降、同国では少数派として、あるいは「外国人」として生活していくことを余儀なくされた。確かにソ連離脱を問う国民投票では、投票者の九〇％以上、有権者の七五％以上が独立に賛成した。民族別にみても、ロシア人、あるいはロシア語を母語とする者の過半数が独立に賛成している。のちに分離勢力が台頭したドネツィクでは八三％の賛成率（投票率七六％）、ルハンシクでは八三％の賛成率（投票率八〇％）という結果が出ている。しかし、独立後のウクライナ経済が衰退し、ウクライナ政府が国民統合を図るためウクライナ語を第一公用語にするなどの民族主義的な政策をとると、分離主義は現れるようになった。このような勢力の台頭は、とりわけ二〇〇四年に新欧米派のV・ユシチェンコ（Viktor Yushchenko）政権が誕生した、いわゆる「オレンジ革命」後、顕著である。

二〇一四年四月に両州の親露派勢力が「ドネツィク人民共和国」と「ルハンシク人民共和国」を樹立させると、五月に住民投票を決行し独立を宣言した。ウクライナ政府は両州を「対テロ作戦区域」に選定し、内戦へと発展した。ロシア政府は、両「人民共和国」に対する国家承認は否定したものの、この内戦に介入し親露派勢力への軍事支援を開始した。このドンバス紛争の勃発を受けて、二〇一四年六月に和平交渉が開始された。九月に一度は合意が実現するものの停戦には至らず、最終的に二〇一五年二月に、ドイツとフランスの仲介の下、ウクライナ・

ロシア・両「人民共和国」・OSCE（欧州安全保障協力機構）の代表の間で「ミンスク合意」が実現する。

この「ミンスク合意」は、実に奇妙な和平合意である。即時停戦・ドンバス地域の武装解除・ウクライナ政府によるドンバス地域とロシアと間の国境管理などが規定されたが、ウクライナ憲法の改正により脱中央集権化（地方分権化）を実施し、ドンバス地域の一部に特別な自治権を与えるという内容を含むものであった。独立後のウクライナは、国内にクリミア自治共和国を抱えつつも、憲法上は単一国家である。この国際合意は、ウクライナの国体を連邦制に変更するよう要求しており、ウクライナ側にしてみれば革命的な要素を含むものであった。ましてやロシアによる武力介入を受けている状況下での合意である。そもそも武力行使や脅迫によって締結された国家間の合意は国際法の原則に反するともいえる。それにもかかわらず「ミンスク合意」は国連安保理決議によって是認されている。大規模な紛争への発展を恐れるあまり、大国と国際社会のご都合主義を前提とした、まさに「悪い平和は、平和が無い状態よりもまし（Bad peace is better than no peace）」の精神が顕れている合意であったといえよう。分離主義勢力が国際的な承認を通して独立を勝ち取るか、分離前の国家の主観下に完全に戻される以外、根本的な解決策のない紛争のことを「凍結された紛争（frozen conflict）」というが、「ミンスク合意」によってドンバス紛争は「凍結された紛争」と化したといえる。今回の「第二次ドンバス紛争」は、この凍結されたドンバス紛争が「溶解」した紛争である。

3　現状変更に向かうウクライナ

二〇一四年五月に発足したP・ポロシェンコ（Petro Poroshenko）政権の諸政策は、当然ながら「ミンスク合意」の不履行、つまりは現状変更を意図したものであった。一九九一年のウクライナ独立以降の外交政策は、単純化すれば、ヨーロッパの一員となることを目指しつつも、ロシアとの関係も重視するというものであった。軍事・安全保障的にも東西中立と非同盟を掲げた。しかしポロシェンコは、この伝統を大きく転換させ、正式に「脱露入欧」を追求するようになった。まず国家安全保障戦略と軍事ドクトリンを新しく策定し、ロシアを初めて「敵国」として認定し、NATO軍との相互運用能力向上を目指すウクライナ軍改革を規定した。二〇一八年一月には、ドンバスの被占領地域の奪還を目指す「再統合法」に署名し、その中でロシアは「侵略国」と認定された。二〇一九年一月になるとEUとNATOへの加盟が正式に宣言され、その不可逆性が加筆されたウクライナ改正憲法が議会で可決された。NATOの加盟国になるためには、その国内が内戦中でないことが条件となる。これらの一連の外交姿勢が現状変更（「ミンスク合意」の不履行）の意図としてロシア側が受け取ったとしても不思議ではない。内政的には、ロシア語、ロシア文化、ロシア帝国の歴史など「ロシア」を象徴するものをことごとく排除し、ウクライナ民族主義が徹底された。また、ヤヌコービッチ時代（二〇一〇－二〇一四年）に少なくとも一年間は政権入りしていた高官は、国家機関の職員になることが十年間禁止されるなど、親露派の「浄化」も実行された。

ポロシェンコの後を継いだ、元コメディアンのゼレンスキーは、当初はロシアとの交渉を通してドンバス問題の解決を目指した。ゼレンスキーは、二〇一六年にドイツ外相によって提案された「ミンスク合意」の進め方を検討した。「シュタインマイヤー方式」といわれるこの提案は、まずドンバスで地方選挙を実施し、その方法と結果がＯＳＣＥによって公正と判断されれば、親露派勢力が独立宣言を主張している地域の自治権を恒久法によって承認する。その後で、ドンバス地域の武装解除とウクライナの国境管理を実行するというものであった。だが「ミンスク合意」の履行がロシアへの降伏を意味すると考えたウクライナ国民は強く反発し、結局ゼレンスキーはポロシェンコ路線を継承することとなった。二〇一九年一二月に開催されたウクライナ・ロシア・ドイツ・フランスの四カ国による交渉の場で、ゼレンスキーは「ミンスク合意」の問題点を指摘し、履行に関心がないことをプーチンに伝えたとされている。以降、ゼレンスキーは「ミンスク合意」を前提とする和平交渉とは別の方法、つまりアメリカからの軍事支援やＮＡＴＯ加盟を通して、ドンバス紛争の解決のみならずクリミアを含めた領土奪還を模索するようになる。二〇二一年三月、「クリミアの占領解除および再統合戦略」案を採択し、翌月には「ミンスク合意」の履行を正式に否定し、アメリカを含めた新しい枠組みを提唱する。ほぼ同じ時期、ゼレンスキー政権はプーチンと個人的なパイプを持つ親露派政治家の弾圧に乗り出し、国家反逆罪で起訴する。そして8月には、クリミア奪還を議論する「国際クリミア・プラットフォーム」を開催する。

ところで、この一連のウクライナの反ミンスク・反露姿勢にアメリカはいかに対応したのか。ロシア政治研究者の下斗米伸夫によれば、「ミンスク合意」は、アメリカとロシアの専門家が共同で作成した計画案に依拠しており、アメリカ側の代表はH・キッシンジャー（Henry Kissinger）であった。ここからアメリカは「ミンスク合意」の正式な交渉当事者ではないものの、概ねこの合意を支持していたと考えられる。B・オバマ（Barack Obama）政権は、ロシアによる「クリミア併合」とドンバス紛争を受けて対露経済制裁を決定し、制裁解除の条件として「ミンスク合意」の履行を挙げている。ウクライナへの軍事支援も行うが、事態をエスカレートさせる懸念から非殺傷兵器に限定した。

しかしD・トランプ（Donald Trump）政権が発足してから、ドンバスに限らずクリミアを含む領土奪還を目指すウクライナに対して、アメリカは全面的に支持するようになった。表向きには「アメリカ第一主義」「同盟軽視」「対露宥和」として知られるトランプであるが、ウクライナに殺傷兵器を初めて提供し、アメリカとウクライナが事実上の同盟国へと発展したのはトランプ政権下であったといえる。二〇一八年七月には、M・ポンペオ（Mike Pompeo）国務長官は、クリミアの不法な併合、武力による領土分割を承認せず、ウクライナの領土的一体性が回復するまでアメリカの政策は不変であると宣言する。

続くJ・バイデン（Joe Biden）政権も、ゼレンスキーにウクライナの主権、独立、領土的一体性（クリミア含む）に対する「揺るぎないコミットメント（unwavering commitment）」を伝える。これは、二〇二一年九月の米・ウ首脳会談、一〇月の「アメリカ・ウクライナ戦略的パートナーシップ憲章」でも再確認された。ちなみにこの「憲章」は、二〇〇八年四月のＮＡＴＯ首脳会談でウクライナ（とジョージア）の将来の加盟が宣言された、いわゆる「ブカレスト宣言」を再確認している。そして二〇二一年六月のＮＡＴＯ首脳会談でも「ブカレスト宣言」が再確認されており、三月から七月にかけてＮＡＴＯは大規模な軍事演習「ヨーロッパ防衛２０２１」を遂行している。

以上のように、「第二次ドンバス紛争」の直接的な原因は、二〇一四年のドンバス紛争の不十分な解決と、二〇一五年の「ミンスク合意」の破綻にあるといえよう。そして紛争後の価値配分としての「ミンスク合意」を「現状」と捉えるならば、ウクライナ、そしてアメリカも十分に「現状」変更の意図をもった国であったといえよう。上記したように、合意締結後のウクライナの基本路線は「ミンスク合意」の否定であり、それに向けてアメリカの支援を受けていた。とりわけ二〇二一年のバイデン政権発足以降、米・宇・露間の緊張が高まっていったことは明らかである。今回の紛争を「ロシアによる武力を用いた一方的な現状変更」と単純化することはできない理由はここにある。ただし、これはあくまでも二〇一五年の「ミンスク合意」を参照基準点にした場合の考察であることは言うまでもない。そもそもドンバス紛争がなぜ発生したかを考えた場合、ウクライナはむしろ自国の領土的一体性という「現状」を維持する国であり、それを脅かすウクライナ国内の親露派分離主義勢力や彼らを支援するロシアこそが「現状変更国」となる。国際紛争は様々な「現状」に係る複数の行為主体の相互交流の結果として生じるのである。

4　ロシアの紛争目的

二〇二二年二月二一日、プーチンは「ドネツィク人民共和国」と「ルハンシク人民共和国」を国家として承認した。その直後、両「人民共和国」と「友好協力相互援助条約」を締結した。同条約には、両「人民共和国」からの要請に基づき、国連憲章第五一条（集団的自衛権）の行使が可能であるとされており、ロシアは集団的自衛権を根拠に武力行使に至ったと考えられる。二〇一四年以降、ドンバス地域では散発的な武力衝突が継続されている以上、ウクライナ側から両「人民共和国」に対する攻撃があったとしても不思議なことではない。現に両「人民共和国」に対するウクライナからのドローン攻撃が二〇二二年の開戦より前にあったと報告されている。しかし、それがロシアに集団的自衛権を行使させるほどの武力攻撃であったのか、自衛権を行使する際の必要性と均衡性の原則を満たしていたかは極めて疑わしい。

それ以前に、両「人民共和国」は国家として成立し得るのかというより根本的な問題もある。

一般的に国家として成立するには住民・領域・統治能力・外交関係を結ぶ能力などの要件を満たす必要があるが、現代において新たに国家が成立するためには、既存の国家から分離独立するしか方法はない。しかし分離独立勢力を国際社会が国家と承認することは、国際関係における領土保全の原則と内政不干渉の原則と衝突するため、決して容易ではない。ゆえに両「人民共和国」が国家としての要件を満たしているのかに加えて、分離独立を主張する正当かつ十分な根拠があるのかの検証も必要である。プーチンは、両「人民共和国」のロシア系住民がウクライナから人権侵害やジェノサイドの被害を受けており、救済目的で分離独立を承認したとされる（救済的分離論）。では両「人民共和国」がウクライナの過激派からジェノサイドを受けていたのか。ウクライナ国内の一部には民族主義的な過激派が存在し、親露派勢力に対する迫害、暴力、殺人を実行していたことは報告されているが、この事実が救済的分離論を主張するのに十分かは決して自明ではない。

いずれにせよ両「人民共和国」を国家承認したことによってプーチン自らが最終的に「ミンスク合意」を破棄したことということになる。そもそも「ミンスク合意」はロシアにとって決して不利な内容ではない。先述したように、この合意は両「人民共和国」に特別な地位を与え、ウクライナの主権下に戻し、ウクライナの連邦化を要求するものであった。ウクライナ国内にロシアの傀儡国家をつくることによって、ロシアは半永久的なウクライナの国策（NATO・EU加盟など）に拒否権を行使することができる。つまりロシア側に「ミンスク合意」という現状を変更する戦略的動機はそもそもない。二〇二一年一二月の米露首脳会談においても、プーチンは「ミンスク合意」の和平交渉にアメリカを介入させ、より強固な国際条約にすることも意図していたと言われている。

ではなぜロシアは戦争に踏み切ったのか。プーチンの開戦演説の中では、戦争目的としてドンバス両「人民共和国」の保護、ロシア語系住民の保護、ウクライナの非ナチ化、ウクライナ非武装化、ウクライナの中立化、ゼレンスキー政権の打倒、領土問題などが挙げられている。そこにはポロシェンコとゼレンスキー両政権が遂行してきた諸政策、つまり「ミンスク合意」否定、クリミア奪還、NATO加盟、民族主義政策、親露派勢力の排除などを是正し、親露派政権をウクライナに樹立させ、ロシアとの交渉と新たな和平合意を強要することが目的であったと考えられる。そしてウクライナによる「ミンスク合意」否定とクリミアを含めた領土奪還が完遂される前に、先手を打つかたちで、ロシア自らが「現状」を変更するに至ったのであろう。

おわりに

以上でみてきたように、「第二次ドンバス紛争」の主たる原因は、二〇一四年にウクライナの親露派分離主義勢力が始めたドンバス紛争と、とりわけ紛争後の価値配分を定めた「ミンスク合意」（現状）の破綻がある。だが、クリミアやドンバス地域における分離主義の起源を辿ると、ソ連という国家が解体され、突如として新たな国家と国境が成立した時期まで遡ることができる。分離紛争が起こる一つの要因は、国家の解体過程において「ウティ・ポシデティス（uti possidetis）」の原則が適用されることにある。この原則は、ある国家内に存在する最高位の行政的区分が、国家解体後に新しい主権国家の領域となるというものである。ソ連はしばしばロシアの民芸品マトリョーシカ人形に例えられるように、一五の連邦構成共和国から成り立っていたが、各共和国の下には複数の自治共和国、自治州、自治管区などの連邦構成主体が存在し、複層的な国家であった。またソ連が形成されたとき、恣意的に引かれた各共和国の「国境」は歴史的に一つにまとまっていた地域と人々を分断した。「ウティ・ポシデティス」の原則によって共和国のみが主権国家としての地位を得たことによって、独立が認められなかった連邦構成主体、あるいは別の主権国家に帰属替えを要求する人々が潜在的に存在することとなった。

ソ連の正式名称は、日本語ではソヴィエト社会主義共和国連邦であるが、英語とロシア語では「連邦」ではなく独立国家の「連合」あるいは「同盟」を意味する「union」と「soiuz」が使用される。またソ連憲法によれば各共和国はソ連から離脱する権利を保有していた。ゆえにソ連を構成した一五の共和国は、建前上は対等と捉えることができる。しかし現実にはロシア共和国は特殊な位置を占めており、ソ連とほぼ同一視されていた。これはロシア共和国に、国家保安委員会、内務省、外務省、共産党などの国家機関が存在していなかったことからもうかがえる。共産主義革命によって誕生したソ連邦も所詮はロシア帝国の統治手段に過ぎなかったといえよう。ゆえにロシアにとって、ソ連の解体は単に「帝国」からの独立を意味せず、同時にロシア帝国の影響圏の喪失を意味した。そして、独立を達成した他の共和国はロシアと特別な利害関係にある「近い外国（near abroad）」として認識され、クリミアやドンバスなどロシア域外の地に在留する二五〇〇万人のロシア人は、祖国から切り離され、各地でマイノリティになることを強いられ、ロシアの領土に戻し保護すべき対象であった。このような思想は「大ロシア主義」として知られるが、これは決してプーチン一人の専売特許でも、プーチン個人の民族主義的野望でもない。現に「大ロシア主義」の主張は、ソ連解体直後のB・エリツィン（Boris Yeltsin）の時代からみられる。

ロシア史研究者は、いみじくも帝国は単に消え失せるのではなく、衰退と争いながら、長く混沌とした死を遂げると指摘するように、我々は三〇年前に解体されたソ連という「帝国」の暴力的な事後処理を今現在目の当たりにしているのではないだろうか。このように考えると、分離紛争がウクライナ以外の旧ソ連圏（ジョージア、アゼルバイジャン、モルドヴァ）でも起こっていることとの説明がつく。第一次世界大戦後、「細胞分裂型のナショナリズム」（中井和夫）が国際政治を支配してきた。その過程で広大で多様なユーラシア大陸を支配し、何世紀にも渡り世界史を牽引してきた数々の帝国は解体され、そこから民族自決権の旗のもと新しい国家がいくつも誕生した。今後も国家の数は増え続けるのかもしれない。その際、独立が認められなかった民族、不本意にもある国家の主権下に強いられる民族、別の国家に帰属替えを希求する民族などが必ず生まれるであろう。今現在起こっている「第二次ドンバス紛争」も二〇世紀ユーラシア大陸の政治歴史力学を象徴するものといえるのではないか。

【引用・参考文献】

Paul D' Anieri, *Ukraine and Russia: From Civilized Divorce to Uncivilized Conflict* (Cambridge University Press, 2019).

David R. Marples ed., *The War in Ukraine's Donbass: Origins, Contexts, and the Future* (Central European University Press, 2022).

Cory Welt, "Ukraine: Background, Conflict with Russia, and U.S. Policy," *Congressional Research Service* (October 5, 2021).

石田淳（二〇一四年）「安全保障の政治的基盤」遠藤誠治・遠藤乾『安全保障とは何か』岩波書店。

小泉悠（二〇二二年）『ウクライナ紛争』ちくま新書。

塩川伸明（二〇二一年）『国家の解体―ペレストロイカとソ連の最期Ⅰ－Ⅲ』東京大学出版会。

下斗米伸夫（二〇二二年）『プーチン戦争の論理』インターナショナル新書。

下斗米伸夫（二〇二〇年）『新危機の20年―プーチン政治史』朝日新聞社。

中井和夫（一九九八年）『ウクライナ・ナショナリズム―独立のジレンマ』東京大学出版会。

廣瀬陽子（二〇一四年）『未承認国家と覇権なき世界』ＮＨＫ出版。

松里公孝（二〇二二年）「旧ソ連圏の分離戦争―その歴史とウクライナ侵攻への射程」『外交』（二〇二二年３・４月号）。

森本敏・秋田浩之編（二〇二二年）『ウクライナ戦争と激変する国際秩序』並木書房。
『世界臨時増刊　ウクライナ侵略戦争―世界質秩序の危機』（二〇二二年）岩波書店。
『現代思想　総特集「ウクライナから問う」』（二〇二二年6月臨時増刊号）青土社。

（竹本周平）

第2章　中世の海域アジアと日本
―「開かれたアジア」へのヒント―

はじめに

現在の日中関係、ひいては東アジアの国際環境は決して良好とは言えない。中国の習近平政権は軍拡を進め、尖閣諸島や南沙諸島の主権を主張し、日本や東南アジア諸国との間に緊張を招いている。習近平政権が台湾への軍事侵攻という選択肢を排除しない、と公言していることも、東アジアの安全保障を構築する上で大きな不安要素である。かつて熱心に語られた「東アジア共同体」は今では夢物語のように感じられる。

けれども、長期的に見た場合、東アジア第一の経済大国である中国と、第二の経済大国である日本が良好な外交関係を構築することは、東アジアの安定に大きく資する。軍事的緊張が高まり経済・文化交流が低調になる「閉じられたアジア」の罠を脱し、「開かれたアジア」の可能性を模索することはできないのだろうか。

そのためには、歴史に学ぶこと、過去の日中関係を知ることが何よりも求められよう。本章では、東アジアの歴史学界で現在盛んに進められている「海域アジア史研究」の視点から中世の日中関係を捉え直し、「開かれたアジア」へのヒントを探りたい。

1 古代・中世の日中関係

(1) 遣唐使・遣明使中心史観の問題点

古代・中世の日本における対外関係は、中国との関係を基軸にしていた。中国からの影響力は圧倒的であり、中国からもたらされた文物、日中間の人的交流は、日本の政治・経済・社会を大きく規定した。したがって古代・中世の日本を考える上で、日中関係は不可欠の要素と言える。

だが、ここに一つの問題がある。教科書的な日中関係の説明では、遣唐使・遣明使が叙述の中心になっているという点である。最近の学界では、遣唐使・遣明使中心の理解、いわば遣唐使・遣明使中心史観は否定されており、一般読書人の認識との隔たりは大きい。

ともあれ、まずは遣唐使の概要を押さえておこう。長く南北に分裂していた中国は、五八九年に北朝の隋が南朝の陳を滅ぼしたことで統一された。隋(五八一〜六一八年)、そして隋に続いて中国を統一した唐(六一八〜九〇七年)は、律令制に基づく高度な統治システムを完成させた。

この唐の先進的な政治制度や文化・技術、ならびに仏教の経典等の収集を目的として、日本が派遣した外交使節が遣唐使である。六三〇年に第一回の遣唐使が派遣されたが、冊封（正式な文書によって国王などに任命すること）は受けていない。日本はあくまで唐との対等外交を目指していたからである。しかし唐の側は日本が朝貢（貢物を持って皇帝に挨拶に行くこと）してきた、とみなしていた。

古代日本は六六三年の白村江の戦いで唐・新羅連合軍に大敗した。以後、日本は巨大帝国である唐による侵略を警戒し、唐との関係改善に努めると共に、唐の律令制に学んで律令国家を建設した。唐との国交回復および律令導入のため、白村江の敗戦直後、日本は頻繁に遣唐使を派遣している。

唐との外交関係が安定化し、また先進的な文物の摂取が概ね完了すると、必要性が低下した遣唐使の派遣頻度は減少し、一〇～二〇周年おきに派遣されるようになった。

さて、一般に遣唐使は唐の政情不安を背景として八九四年に「廃止」された、と認識されている。歴史学界もかつては、この八九四年を画期として重視しており、遣唐使「廃止」を契機として、唐の文化的影響を脱した日本独自の「国風文化」が生まれた、と論じていた。

けれども、八九四年は、遣唐使の派遣を検討した結果、「今回の遣唐使の派遣は見合わせる」という結論に至っただけで、遣唐使そのものを廃止するという決定を下したわけではない。

そもそも最後の遣唐使の派遣は八三八年、帰国は八三九～八四〇年である。既に遣唐使の派遣は半世紀以上検討されていなかったのである。この時期になると、遣唐使は半世紀以上派遣しなくても問題がないほど、その必要性が薄れていた。遣唐使を通じた文化交流は既に過去のものになっており、遣唐使は歴史的使命を終えていた。

研究史において、遣唐使・遣明使が特筆大書されてきたのは、国家主導の外国文化摂取を過度に評価する近代の歴史観に由来する。そして、このような歴史観の背景には、国策として西洋の科学技術を積極的に導入していた明治政府の立場が存在している。こうした国家貿易重視の視点は、必然として民間貿易軽視へとつながる。国家貿易がない時代は、対外交流が途絶えていたかのように誤解してしまうのだ。

しかし現実には、遣唐使廃絶によって日中交流が衰退したわけではない。確かに国家主導の文化摂取は衰退するが、民間が主体となった文化交流はその後も活発に行われる。日本と中国との間に国交が存在しなかった宋代・元代は、むしろ前近代日中交流の黄金時代であった。関税収入を期待した宋・元が貿易を奨励し、中国商船の出航、外国商船の来航を歓迎したため、東シナ海における海上貿易が非常に盛んだったからである。

逆に、元を滅ぼして中国を統一した明は、貿易相手を国家的な外交使節に限定し、一般商船の往来を禁止した。自国の商人に対しては勝手に海外へ商売に行ってはいけないという海禁政策をとった。そして外国に対しては明の皇帝への朝貢を求めた。そして朝貢を行った者を冊封し、冊封を受けた国王とのみ貿易を行うという政策をとった。このため、日明間で国交が結ばれて、明皇帝と日本国王との間で国家貿易（日明貿易）が行われていたにもかかわらず、日中間の交流を含む東シナ海交易は停滞した。

つまり、遣唐使や遣明使といった国家使節が派遣されていた時代（唐代・明代）よりも、国家使節が派遣されず専ら民間貿易が行われていた時代（宋代・元代）の方が、交流の全体量は多いのである。

（2）日明貿易と日宋貿易

前述のように、日明貿易は国家貿易の形で行われた。外交使節である遣明船を派遣し、貿易を行うのである。民間商船の往来が原則禁止されたわけだから、それだけでも交通量は激減したと言えるが、国家貿易も盛んだったとは言えない。

日明貿易は、室町幕府の将軍職を息子義持に譲って出家した足利義満が明から国王に任命されることで始まった。当然、最初に朝貢を行う時はまだ国王に任命されていないので、「日本准三后源道義」という通交名義で一四〇一年に義満は遣明使を送った。「准三后」とは皇后・皇太后など三人の后に次ぐという名誉号、「源道義」とは義満出家後の名前である。そして義満は翌年、明の皇帝（建文帝）から日本国王に正式に任命され、「印爾」という国王の印をもらった。さらに、明で使用されていた暦である「大明暦」と、国王が派遣した正式な船であることを証明する貿易許可証である「勘合」を与えられた。

義満が明と外交を結んでから義満が亡くなるまでのおよそ一〇年間、毎年明国から外交使節団を乗せた船が兵庫津に入港し、それを義満が出迎えるということが繰り返されていた。実は、東シナ海を横断する時は日本と明の使節は一緒に横断する。つまり、日本の遣明使が日本に帰国する時は、明の使節が一緒にやってくる。また、明の使節が中国に帰る時には、日本の遣明使が一緒に行く。そのため、東シナ海を毎年のように国家使節が移動していた。これは建文帝を追って即位した永楽帝が海外貿易に積極的だったこと、皇帝としての正統性を示すために外国使節の朝貢を必要としていたことに起因する。

しかし足利義満の死後、後を継いだ義持は朝貢貿易を屈辱と考え、明との国交を断絶してしまう。義持の死後、後を継いだ義教が一四三〇年代に日明貿易を再開するが、今度は明の側が貿易制限に向かう。

朝貢貿易においては、明皇帝は臣下諸王からの朝貢に対して下賜品を与えた。明帝国の巨大さと皇帝の徳を示すため、明からの下賜品は朝貢品よりも遥かに価値があるのが通例であった。したがって朝貢貿易は明にとっては財政負担であり、明をめぐる国際情勢が安定化すると、貿易を縮小した。明は日本との貿易を「十年一貢」、すなわち遣明船の派遣を一〇年に一度に制限した。それでも遣唐使に比べれば派遣頻度は高かったが、日明貿易はほとんど臨時のイベントと言わざるを得ない。宋代・元代のように恒常的に民間船の往来が見られた時代と比較すると、日中交流は全く異なる局面に入った。

　では、日宋貿易はどのくらい盛んだったのだろうか。中国側史料によれば、一二五〇年代（鎌倉時代中期）、日本から宋に渡る船は年間四〇～五〇艘以上だった。前述の通り、宋は税収を期待して貿易を奨励していたため、日宋間の貿易は活発であった。これは考古資料からも裏付けられ、例えば日本列島における中国製陶磁器の出土量は同時期に増加している。

　なぜこの時期かというと、日本側の事情が大きい。朝廷は大宰府による入国管理を放棄した。日本側の貿易管理体制の消滅は、宋からの貿易品を日本全国に行き渡らせ、日宋経済は緊密化した。

　日本側の貿易管理体制の消滅は、単に流通の活性化を導くだけでなく、日本社会全体に中国の生活文化を広めることにもつながった。一二世紀後半には「唐房」と呼ばれる博多の中国人居留区（チャイナタウン）が形骸化し、博多で宋人・日本人は混住するようになったからである。

　最大のインパクトは宋銭の受容であろう。一一世紀末から国際貿易港博多の宋人社会で用いられていた宋銭が、12世紀後半から畿内など他地域でも流通するようになり、一三世紀後半には絹・米などの現物貨幣に代わる日本列島の基軸通貨の地位を確立し、貨幣経済が急速に発達した。

　また、一二世紀前半には博多のみで行われていた宋式の喫茶文化（天目茶碗が出土している）が、一三世紀には日本国内で広がる。さらに博多居住の宋人に信仰されていた禅宗・律宗が入宋僧により一二世紀末の京都に紹介され、一三世紀には摂関家・鎌倉幕府などの後援を受けて勢力を拡大した。

さて、日宋貿易と言えば、平清盛が推進したという印象が強いだろう。しかし平氏政権の時期に従来と異なる新しい貿易の仕組みが生み出されたわけではなく、中央（朝廷）による貿易管理は依然維持されていた。平氏は貴族たちの貿易に割り込んだだけで、私的な利益を追求したにすぎない。むしろ貿易管理の志向が弱い鎌倉幕府の成立は、国家が関与しない民間の自由貿易の拡大を促した。一般的なイメージとは裏腹に、平氏政権よりも鎌倉幕府の方が、日宋貿易を盛んにしたのである。

2 日元関係の変遷

（1） モンゴル帝国の膨張

モンゴル族の族長テムジンはモンゴル高原に盤踞する遊牧民の部族集団を統一し、一二〇六年の春、オノン河上流の草原に大集会（クリルタイ）を開催して即位式を挙行し、チンギス・カンと名乗った。モンゴル・ウルスの建国である。

チンギス・カンの野心的な征服事業によってモンゴルは急速にユーラシアの東西に広がり、世界帝国へと発展した。チンギス没後、後を継いだオゴテイ・カアンは父の覇業を引き継ぎ、一二三四年には華北を支配する金を滅ぼした。以後、モンゴル帝国は中国方面の完全征服を視野に入れるようになり、その動向は東アジア・東南アジアの国々の警戒するところとなった。

一二五三年、モンゴル帝国は大理国（現在の中国雲南地方）を遠征し、翌年、大理はモンゴルに降伏した。モンゴル軍はさらに南下し、一二五七年には大越国（現在のベトナム北部）を降伏させた。

朝鮮半島を支配する高麗国は、既にチンギス・カン時代から侵攻を繰り返し受けていた。高麗では、王室である王氏は名目だけの存在になり、武臣の崔氏が政治の実権を握っていた。武臣の崔瑀に主導された高麗は、オゴデイ率いるモンゴルの激しい侵攻を受け、あくまでも徹底抗戦するため、一二三二年に国都を開城から海を隔てた江華島へ移した。しかし一二五八年、崔瑀の孫で高麗の実権を握っていた崔竩が暗殺され、一一九六年から六〇年間続いていた崔氏政権は崩壊した。クーデターで政権を奪った金俊はモンゴルと和議を結び、翌年にはモンゴルの要求に応じて太子倎（後の元宗）を入朝させた。

一二五九年にモンゴル帝国の第四代皇帝（カアン）のモンケが遠征中に急死すると、後継者問題が発生した。翌一二六〇年、モンケの弟であるクビライは自派を集めてクリルタイを開催してカアン即位を一方的に宣言した。クビライの弟であるアリクブケもこれに対抗してカアン即位を宣言し、帝位継承戦争が勃発した。一二六四年にアリクブケは降伏し、クビライは唯一のカアンとなった。しかし帝位継承戦争とその後の反乱などにより、中央アジアのカイドゥ王国、西北ユーラシアのジョチ・ウルス、西アジア方面のフレグ・ウルスなど帝国内の諸国は自立化し、クビライ・カアンの直接支配領域はモンゴル帝国の東部に限定された。このため、クビライは東アジア・東南アジアの征服事業に乗り出していくことになる。

モンケ・カアンの死の直前、高麗国王の高宗が病死した。モンゴルに入朝していた倎は、カアンに即位したクビライによって高麗国王に冊封され（元宗）、強力な護衛部隊をつけてもらって帰国した。元宗はクビライの力を背景に武臣勢力を抑圧し、一二七〇年、モンゴルへの抗戦を主張する武臣の林惟茂を殺害して、ついに国都を江華島から開城に戻した。

クビライの最大の征服目標は、江南に拠り世界最大の富を有する南宋であった。高麗降伏後、公然と南宋側陣営に残っていた国は日本だけであった。一二六八年、クビライは高麗に日本遠征用の軍艦の建造を命じた。クビライは高麗に日本征服の先導をさせる予定であったが、大きな誤算が生じた。三別抄の抵抗である。

高麗武臣政権の軍事基盤であった三別抄は、かねてより対モンゴル戦争の主力であったが、一二七〇年の開城還都後も江華島に留まり、三別抄の解散を命じる元宗に対して反乱を起こした。彼らは、朝鮮半島西南部にある珍島を都とし、王族の王温を擁立して開城政府とは別の政府を樹立し、高麗の正統王朝を自認した。一二七一年、モンゴルの半島駐留軍を主力とするモンゴル・高麗連合軍は珍島を攻略したが、三別抄軍はさらに耽羅（現在の済州島）に後退して、なおも抵抗を続けた。一二七三年、モンゴル軍は耽羅をようやく陥落させるが、モンゴルの日本遠征計画は大幅な変更を余儀なくされた。なお、クビライは一二七一年に国号を中国風の「大元」に改めている。

クビライは一二七四年にいよいよ日本遠征に踏み切った。高麗に駐留するモンゴル・漢人部隊を主力に、高麗兵も加えた二七〇〇〇の軍団は朝鮮半島南岸の合浦を出発して、対馬と壱岐を蹂躙した後、博多湾から上陸した。けれども待ち構えていた日本軍の頑強な抵抗に苦しみ、撤退した。いわゆる「文永の役」である。

(2) 日元貿易の盛衰

一二七六年、ついに南宋が元に降伏した。金による華北占領(北宋の滅亡)以来、一六〇年にわたって南北に分裂していた中国大陸はここに統一された。歴代のカアンが果たせなかった偉業をクビライは成し遂げたのだ。江南を手に入れたことで、元は遊牧民出身の国家でありながら、中国東南沿岸部の諸港湾を掌握し、海洋に進出した。東シナ海の国際秩序の中心を、南宋に代わって元が担うことになる。いわゆる「宋元交替」である。

日本貿易船の渡航先である慶元(現在の寧波)の支配者が宋から元に代わったことは、日本商人に衝撃をもたらしただろう。けれども、日本と元は交戦国であるにもかかわらず、元は日本との民間貿易を制限しなかった。経済的利益によって日本を懐柔しようとしたのだろう。

しかし、日本を利で釣って服属させるクビライの思惑は外れ、一二八一年に日本再征に踏み切る。弘安の役である。結局、この遠征も失敗したことは周知の通りである。再度の軍事衝突によって日元関係は緊張し、一二八〇年代後半には貿易船の往来も復活するが、交流は低調だった。

ただし、高圧的に服属を迫る元に反発したのは日本だけではない。東南アジアの国々は元に反旗を翻し、元はこれらの国々を軍事力で制圧しようとした。一二八二年、占城（チャンパ、現在のベトナム中部）を遠征。一二八五年、大越を遠征。一二九二年、ジャワ（マジャパヒト王国）を遠征。経済交流に主眼を置く宋代のゆるやかな国際秩序に慣れ親しんだ南海諸国は、軍事的・政治的服属を求めるクビライの外交政策を歓迎せず、最終的にはいずれもこれを拒んだのである。

軍事力によって東アジアに自己の勢力圏を確立しようとして、かえって周辺諸国の反発を買うクビライの姿勢は、現代中国のそれに通じるものがあると言えよう。

一二九四年、クビライが亡くなり、孫のテムルがカアンに即位すると、元の外交方針が服属要求から通商へと転換した。一二九九年、テムルは禅僧の一山一寧を外交使節として日本に派遣した。ところが、元を警戒する鎌倉幕府は一山一寧を捕らえてしまう。これにより、元は日本との国交樹立を断念、外交交渉を行わず貿易だけを行うことになった。外交と貿易を切り離すテムル朝以降の元の方針に助けられ、以後、半世紀にわたって日中交流は活況を呈した。

ただし、元は政治的思惑を背景にした日本に対する優遇措置（関税軽減）を廃止した。日元交流は仮想敵国という緊張感を抱えたままの不安定なものであり、トラブルが発生すると元側は貿易統制に乗り出した。

一方、南海諸国は元の外交方針転換に対応し、元に朝貢した。元と南海諸国との間には経済交流を主体にしたゆるやかな関係が定着した。日本は南海諸国と異なり、元の方針転換を理解せず、いたずらに元を敵視したため、防衛費というコストを負い続けた。このことが鎌倉幕府滅亡の遠因になっている可能性もある。

おわりに―「アジア共同体」の可能性を考える

いわゆる「アジア共同体」を構想する場合、日本と中国の提携は大前提となる。けれども民主主義、「法の支配」、資本主義が深く根づいた日本と、共産党一党独裁を堅持し、政治も経済も司法も党の統制下にある中国とでは、価値観の乖離は極めて大きい。また中国は、日本の同盟国であるアメリカと世界の覇権をめぐって激しく対立しており、現状で日中接近は非現実的である。

日中国交正常化から始まった、ここ半世紀の日中関係が国家主導であったことは否めない。ゆえに冷戦の終結、中国の政治的・軍事的・経済的台頭といった国際情勢の変化に対して、日中の結びつきは甚だ脆弱であった。当初謳われていた「日中友好」は今や風前の灯である。それは結局、「日中友好」が専ら国家間の利害に支えられていたからであろう。

しかし、日中の長い歴史を振り返ると、国交断絶期に日中交流が最も活発であったという逆説が浮かび上がる。私たちはあまりに国家間外交に期待を持ちすぎ、逆に民間交流を軽視しすぎていたのではないか。むろん現在の中国の体制においては、国家権力が介在しない純然たる民間の経済・文化活動はあり得ない。経済交流を外交上の武器に用いる中国共産党の手法は、朝貢貿易しか許さなかった明帝国、仮にそこまでは言えないにせよ、貿易上の優遇措置を餌に服属を迫る元のクビライに類似する。それでも当面は、草の根の交流に「アジア共同体」への活路を見出すほかあるまい。

習近平政権が推し進める覇権主義に対して、日本はアメリカと連携して、これを断固抑え込まなくてはならない。だが一方で、中国敵視政策を半永久的に続けるべきではない。元がテムル朝以降、対外強硬路線を改めたように、長期的には中国共産党の外交方針が軟化することはあり得る。その際、日本は従前の立場に固執せず、柔軟に対応する必要があるだろう。

【参考文献】

石井正敏（二〇一八年、初出一九九〇年）「いわゆる遣唐使の停止について」『石井正敏著作集』第2巻、勉誠出版。
榎本渉（二〇一四年）「宋元交替と日本」『岩波講座 日本歴史』第7巻、岩波書店。
杉山正明（二〇〇四年）『モンゴル帝国と大元ウルス』京都大学学術出版会。

村井章介（一九八八年、初出一九八二年）「高麗・三別抄の叛乱と蒙古襲来前夜の日本」同『アジアのなかの中世日本』校倉書房。

村井章介編集代表（二〇一五年）『日明関係史研究入門　アジアのなかの遣明船』校倉書房。

桃木至朗編（二〇〇八年）『海域アジア史研究入門』岩波書店。


（呉座勇一）

第3章　LGBTの中の多様性

――保守派のLGBTはどう考えているか――

はじめに―筆者は同性婚にもLGBT法にも賛成だが、新たな問題が浮上し、一筋縄ではいかなくなった

一九六〇年代の公民権運動は、女性差別や黒人差別の撤廃を訴える誰が見てもわかりやすい差別／反差別の構図だった。しかし、二一世紀最後の人権問題といわれるLGBT問題はそうではない。筆者が二〇二一年に上梓した『LGBTの不都合な真実―活動家の言葉を一〇〇％妄信するマスコミ報道は公共的か』はまさにこうした難問に挑んだ本であり、ベストセラー作家の橘玲氏は『毎日新聞』の書評で高く評価してくれた。抜粋してみよう。

《著者の松浦大悟さんはゲイ（男性同性愛者）であることをカミングアウトした元参議院議員だ。「リベラル政党」に所属していたが、「ドイツの外相は同性愛者なんだって？　腰に手を回してきたりして気持ち悪いな」と語る大臣経験者を見て、差別意識は保守もリベラルも同じだ

ということを思い知らされた。

こうした体験から松浦さんは、性的マイノリティーが生きやすい社会をつくるには、野党の立場で差別を批判するだけでは駄目だと考えるようになった。制度を変えるには、現実に権力をもっている与党の保守的な政治家と対話するしかないのだ。

『LGBTの不都合な真実　活動家の言葉を一〇〇%妄信するマスコミ報道は公共的か』（秀和システム・一六五〇円）は、メディアや識者の言論が「LGBT対異性愛者（差別主義者）」という善悪二元論に陥り、いたずらに社会を分断しているのではないかという問題提起の書だ。

奴隷制や植民地主義、ナチスのホロコースト、南アフリカのアパルトヘイトなど、現代史には多くの「悪」があり、それと闘う「正義」のひとたちがいた。少しずつ、誰もが自由に自分らしく生きられるリベラルな社会へと前進してきた。これは素晴らしいことだが、善悪のはっきりした問題が解決してしまえば、あとに残るのは解決が困難か、原理的に解決不能の問題だけだ。二〇二〇年東京五輪の女子重量挙げにトランスジェンダーの選手が出場し、それに異を唱えた女子選手が「LGBT差別」と批判されたのはその典型だろう。

リベラル派はこれまでずっと、「民主主義で最も重要なのは対話だ」と述べてきた。だとしたら、保守派との対話を説く松浦さんこそが、真の意味での「リベラル」ではないだろうか。

この本には、安易な正義を振りかざすことが問題の解決を難しくし、差別の土壌を生み出している例がこれでもかというくらい出てくる。耳の痛い話も多いだろうが、本紙の読者にこそ

読んでほしい。』》

橘氏が解決困難な問題の一つとして挙げるトランスジェンダリズム（性自認至上主義）問題は、二〇二二年に行われた参議院議員選挙で奇妙なねじれ現象を招いた。「自分の性別は自分で決める」という思想がトランスジェンダリズムだが、自己申告だけで戸籍の性別変更を可能とするよう政府に要求するトランス活動家に対して市井の女性たちが異を唱えたのだ。

内閣府の調査によると、性暴力被害にあった生得的女性は一四人に一人に上る。セルフＩＤを導入した欧米では、ＤＶシェルターや女子刑務所、女子トイレや女性用シャワールームで男性身体のトランス女性による性犯罪が起こっており、このような問題に警鐘を鳴らすべく結成された団体『女性スペースを守る会』は各政党へ慎重に議論するよう呼びかけた。

元々『女性スペースを守る会』には共産党支持者が多く、日頃から女性の権利について積極的に発言してきた共産党だけは自分たちの思いを汲み取ってくれると期待していた。ところが、共産党はトランス活動家の意見にしか耳を傾けず、生物学的女性たちの声を聞くことはなかった。

絶望した彼女たちが参院選で投票した先は、自民党の山谷えり子氏だった。山谷議員は、性教育に反対するなど家父長制的道徳に価値を置く保守政治家だ。その山谷氏しか自分たちを守ってくれる国会議員はいないと共産党支持者の女性たちは考えたのだった。

その流れを決定付けたのが、芥川賞作家の笙野頼子氏だ。『しんぶん赤旗』に何度も登場した笙野氏が山谷氏に投票するとネットで宣言したことで、多くの女性たちは雪崩を打って共産党を見限った。

トランス活動家と市井の女性たちの主張は、どちらが正しくてどちらが間違っているという類のものではない。トランスジェンダーの人権と生物学的女性の人権がバッティングしているのだ。その利益相反を調整するのが政治の役割であるにも関わらず、差別主義者だと名指されることを恐れ、LGBTを前に腰が引けてしまっているのが今の国会の状況だ。

親密圏における性自認は尊重されて然るべきだが、自称による性別を社会のルールとしてデフォルト化することは難しい。どんな法律でもそうだが、「穴」がないようにさまざまな角度から検討するのは当然のことであり、それは差別ではない。

東京大学の清水晶子教授と武蔵大学の千田有紀教授のバトルが事態の深刻さを雄弁に物語る。トランス女性と生物学的女性の権利をどこで折り合わせるか検討すべきだと雑誌『現代思想』で主張した千田教授を、クィア学者の清水教授が攻撃したことでラベリングが始まり、カルチュラル・スタディーズ学会が主催する『カルチュラル・タイフーン２０２２』では、富山大学の斉藤正美教授が実名を挙げて千田教授を「トランスフォビア」だと罵倒した。千田教授は差別だと断定する根拠を明かすよう斉藤教授に質問を投げかけたが、現在に至るまで回答はない。

千田教授は血圧が一八〇を超え、下痢が止まらなくなり、たまりかねて日本を脱出。現在はアメリカで娘と暮らしている。国会のみならず、アカデミズムの領域でも議論ができない状況に陥っているのである。キャンセルカルチャー（左派から見て政治的に正しくない人物を追放する運動）と呼ばれる悪しきムーブメントは、日本でも吹き荒れている。

1　カミングアウトとアウティング禁止条例の問題点

ここからはメディアが報じない問題を検証したい。

筆者が二〇〇七年の参院選に出馬した際に秋田県で発売された『新ＫＥＮ』という雑誌は、今でも心の傷として残っている。「同性愛？のよそ者松浦大吾（広島出身）が地元秋田の金田を喰うかも知れないという凄～い選挙の激震と怒声」という見出しのこの雑誌が本屋で平積みになる中、筆者は唇を噛み締めながら選挙戦を戦った（松浦大悟を大吾と誤記しているのは、有権者に正しい名前を覚えさせないためだと思われる）。筆者は大学時代から気の置けない友人にはカミングアウトしていたし、アナウンサー時代も講演会などでゲイであることを話していた。その情報をキャッチした『新ＫＥＮ』のライターがスキャンダルとして報道したのだった。

選挙事務所には地元紙である秋田魁新報の記者も取材に訪れた。「このような雑誌が出た以上、聞かないわけにはいかない。松浦さんはゲイなのですか？」と質問する記者のペンを持つ手は震えていた。もしこの事実を伝えれば、目の前にいる若い候補者は落選するかも知れない。でも知り得た情報は伝えないわけにはいかない。そのプレッシャーに押しつぶされそうになっているのが筆者にもわかった。筆者は正直に「はい。そうです」と答えた。しかし、その記事が新聞に載ることはなかった。しばらく経って別の記者に聞いたところ、「当時、松浦さんのことは政治部でも議論になりました。だけど、あやふやになってしまいました」とのことだった。

リベラルメディアは同性愛者の国会議員第一号は立憲民主党の尾辻かな子氏だと殊更に伝えるが、それは本当だろうか。筆者は新聞記者の取材に対しゲイであることを伝えた。それを報道しなかったのはメディア側の事情に過ぎない。保守ゲイの筆者が第一号になると何か不都合なことがあるのではないか。そう勘繰られても仕方がないだろう。

テレビで記者会見をしなければカミングアウトをしたことにならないのなら、日本に住んでいるほとんどのＬＧＢＴはカミングアウトができていないことになる。二四時間三六五日カミングアウトしている人は少ない。職場ではカミングアウトをしていても町内会ではしていないとか、お母さんにはカミングアウトをしていてもお父さんにはしていないなど、カミングアウトは通常まだら模様になっている。

全国の自治体ではアウティング禁止条例を作ることがブームになっているが、こうしたカミングアウトの現状を踏まえていないように感じられる（アウティングとは性的指向や性自認を第三者が暴露すること）。現に一般の当事者からはアウティング禁止条例はすこぶる評判が悪い。どこまでの範囲にカミングアウトしているかは第三者には見通せないため、コミュニケーションが萎縮してしまうのだ。

アウティング禁止条例が乱立するきっかけとなったのが一橋大学で起きたゲイ学生転落死事件だ。異性愛者の男子学生に恋愛感情を吐露したところ、その男子学生が友人にアウティングをしたためショックを受けて転落死を遂げたとマスコミは報道したが、ゲイの間では「そんな単純な話ではないよね」と囁かれている。

裁判を傍聴した筑波大学の星野豊准教授によると、異性愛者の男子学生は相手を傷つけないように丁寧に断っていたにも関わらず、ゲイの学生はその後も執拗に付き纏い、ボティタッチなどもあったという。彼はゲイの学生を避けるため共通の友人からも距離を置くようになり、孤独感に苛まれていった。耐えられなくなった彼は、ラインで友人たちに事情を話すことになった、というのが事の真相である。

一〇代二〇代の頃は、異性愛者同士の恋愛であっても戸惑い、不安になるものである。誰かに相談する人も多いだろう。しかし一橋大学事件を念頭に置いて作られたアウティング禁止条例は、一旦ゲイから告白されたら墓場まで持っていかなければならないことを示唆する。このような重責を中学生や高校生にまで課す条例は、極めてバランスが悪い。ネットでは「頼むから俺にはカミングアウトしないでくれ」と悲鳴をあげる非当事者が続出している。アウティング禁止条例がLGBTへの理解を促進したとは言い難い状況となっているのだ。

2 左派LGBT活動家と一般当事者の主張のズレ

マスコミが伝えるLGBTの姿は、左派LGBT活動家から取材したものがほとんどで、一般当事者としては首を傾げたくなるものが多い。かつて杉田水脈議員が「LGBTには生産性がない」と発言し、掲載した雑誌『新潮45』が廃刊に追い込まれたが、そのとき保守派のLGBTの間ではどのような議論があったかご存じだろうか。

あるゲイバーではこんな会話が繰り広げられていた。「生産性というのは再生産のことだと読めば誰でもわかる。確かにゲイは子どもを産めないのだから、その意味では間違っていない。だが私たちは社会の存続を望まないわけではない。子育て世帯の大変さはひょっとしたら同性愛者以上かもしれない。であるならば、私たちは独身税という形で子育て支援に協力できないか」。そこで交わされていた冷静な対話は一切報道されることはなかった。

アジア最大のゲイタウンである新宿二丁目では杉田議員のコスプレをしたドラァグクイーンが登場した。生産性と書かれたタスキを肩に掛け、『新潮45』を小脇に抱えて有名な店舗の前で写真を撮り、それをSNSで拡散させた。「生産性〜、あっそれ、生産性〜、ギャハハ」という合いの手まで聞こえてきたという。これは「CAMP（キャンプ）」と呼ばれる伝統的な表現方法だ。「そんな言葉で私たちが傷つくとでも思っているのかよ」と笑い飛ばし、相手の暴言を脱臼させるやり方だ。筆者たちゲイは強かに、しなやかに生きてきた。決して弱い存在ではない。デモしか方法を知らない、ガラス細工のように傷つくだけの若い世代に、私たちの歴史を継承していかなければならないと感じる（進化心理学者のジョナサン・ハイト氏は共著『傷つきやすいアメリカ大学生たち』で、異論に触れずに育ってきたZ世代の精神的な脆弱性を指摘している）。

左派LGBT活動家はよく、日本は人権後進国だと批判する。遅れている日本は欧米の先進国に追いつかなければならないのだと。だがそれは事実だろうか。アメリカでは毎日のようにLGBTが射殺されたり、家に放火されたり、後ろからナイフで刺されたりする。今でも三六の州で同性愛矯正施設が認可されており、約七〇万人が「治療」している。

翻ってわが国はどうか。LGBT殺害事件を検索すると、一件だけヒットする。今から二三年前、二〇〇〇年二月に当時ハッテン場（男性が男性との性行為を目的に集まる場所）だった東京都の新木場公園で起きた「ホモ狩り事件」だ。後にも先にもこの一件だけなのだ。欧米と日本とでは、差別の実相が違うということがわかるだろう。

LGBT法は存在するが年間一〇〇人以上のLGBTが殺される国（欧米）と、LGBT法は存在しないがLGBTがほとんど殺されることのない国（日本）とを比べた場合、当事者にとってどちらが幸せかは一概に言えない。オランダのデイクフラーフ教育相が来日したとき、リベラルメディアは日本はオランダの経験に学ぶべきという彼のインタビューを嬉々として報道した。しかしEUは、二〇一九年の調査でLGBT差別を受けた人が四三％に達し、八年前に比べて六％も増えていたのである。同性愛への禁忌が強く残るキリスト教文化圏の法律をわが国にそのまま適用するのではなく、なぜ日本ではＬＧＢＴへの大殺戮が起こらなかったのかを研究し、自国の風土にあった法律を作る必要がある。

このような日本においてＬＧＢＴ法はそもそも必要ないという人もいる。ゲイの当事者であり立命館大学で哲学を教える千葉雅也教授だ。千葉教授は、ＬＧＢＴ法は「駐輪禁止」と同じだという。駐輪禁止の張り紙が貼ってあれば、確かにそこには誰も自転車を停めないだろう。しかし、張り紙のない場所で停めることを躊躇する人は少ない。ＬＧＢＴ法もそのアナロジーとして考えることができる。法律ができれば相互監視の公の場では露骨なＬＧＢＴ差別をしなくなるだろうが、心の中の差別がなくなるわけではない。それは真の理解ではない、と。

これは、一九九九年に施行された国旗国歌法をめぐる議論と似ている。国旗の掲揚や国歌を歌うことを法律で定めればみんな従うだろうが、それは果たして本当の愛国なのかという問題だ。心の奥底から湧き上がる感情が愛国心だが、法律があるから従うという態度は愛国心とは正反対の振る舞いだ。たとえＬＧＢＴ法ができたとしても、表面だけ取り繕って愛想笑いを浮かべる人たちが増えるだけなら意味がない。

二〇二二年一一月から東京都パートナーシップ宣誓制度がスタートした。左派ＬＧＢＴ活動家は自分たちの運動の成果だと喧伝したが、ここにも一般当事者との温度差がある。実は東京都は、前年の九月から一〇月にＬＧＢＴを対象とした事前調査を行なっている。ところが都はこれを出し渋り、なかなか提出しようとしなかった。行政サイドに業を煮やした自民党都議が強く要請したところ、次のようなデータが出てきた。

■約七割の当事者が困難経験なしと回答
■自分が住む自治体に同制度があっても活用していない当事者が八割超

東京都はこれまで「LGBTの人たちは差別に苦しんでいる。大変な困難を抱えており、この制度が必要」と説明していたが、全く真逆の調査結果となってしまっていたのだ。マスコミが伝えるLGBTの実態とあまりにも乖離していることに驚かれた読者も多いのではないだろうか。だが筆者たちゲイには、その理由が手に取るようにわかる。つまり、昔と今とでは状況が違うということだ。

情報に乏しく一人で膝を抱えていた九〇年代は、確かに疎外感に悩む当事者は多かっただろう。ところが今は、ゲイの出会い系アプリを開けば半径一〇キロ以内にとんでもない数の当事者がいることが一目でわかる。進学や就職で親元を離れて上京すれば、一気にゲイ友ネットワークは広がり、思春期的な悩みからも脱する。また、異性愛者の生涯未婚率の高さが逆説的にゲイを生きやすくしている側面もある。親から「あなたも早く結婚しなさい」と言われなくなったのだ。独り身でいることが不自然ではなくなった。

マスコミはＬＧＢＴは同性婚を望んでいるというが、結婚圧力がなくなった現在、どうして同性愛者だけは結婚に向かうと思うのだろうか。同性婚制度ができる前に、同性愛者においても結婚の価値が相対化されてしまったのである。筆者が住んでいる秋田県では二〇二二年四月から秋田県パートナーシップ宣誓制度が始まったが、二〇二三年一月時点において利用者は一組だ。隣の青森県でも二〇二二年二月から同様の制度が施行されているが、同じく二〇二三年一月時点において、申請者は二組しかいない。

東京都の事前調査報告書を読んで、筆者は『羽鳥慎一モーニングショー』での一幕を思い出した。二〇二一年二月一五日に番組出演したノンフィクション作家の長田渚左氏は、森喜朗東京オリンピック・パラリンピック組織委員会会長の女性蔑視発言を批判し、自分もプロ野球日本シリーズを取材したとき「女性なの？女性が話を聞くの？女性がスポーツを語るの？」と監督から言われたと告発した。

しかし、話に違和感を覚えた羽鳥アナウンサーが「それは何年前の話ですか？」と質したところ、長田氏は「三〇年前です」と答えたのだ。長田氏は三〇年間恨みを晴らす時を待っていたのだという。

ＬＧＢＴへの事前調査報告書で困難な経験があると答えた人たちは約三割だが、その理由をよく見てみると、小学生の時にレズビアンだと噂が広まったとか、二〇年前の学生時は相談相手もなく今ほど寛容な世の中でもなかったので辛かったとかといった内容が目につく。いずれも二〇数年前の事例を上げているのだ。

小・中学校時代にいじめられた経験はいつまでもトラウマとして残り、癒えない。大人になってから同窓会で加害者を殺害しようとする事件も起きているくらいだ。筆者自身も壮絶ないじめを受けてきた身としてその気持ちは痛いほどわかる。だがそれは過去の記憶の中の差別であり、それを立法事実にするには無理がある。

3 LGBT問題は黎明期にあり、左派の主張がゴールではない

二〇二一年、自民党の部会が紛糾し、与野党の担当者間では合意されていたLGBT理解増進法案が座礁した。マスコミは「自民党は差別を認めないという法律さえも認めない政党なのか」と批難したが、議論のポイントはそうしたことではなかった。条文の中に「性自認の尊重」という文言が入ったことでさまざまな憶測を呼び、担当者がうまく答えられなかったことが頓挫した原因だった。性自認も性同一性もどちらもジェンダー・アイデンティティを訳した言葉だが、「性自認」は漢字のニュアンスに引っ張られる形で違う意味を帯びるようになっていった。どちらかというと世界的に使われている用語であるエクスペリエンスド・ジェンダー（実感された性）に近い。さて、これを法律に落とし込むとどうなるだろうか。

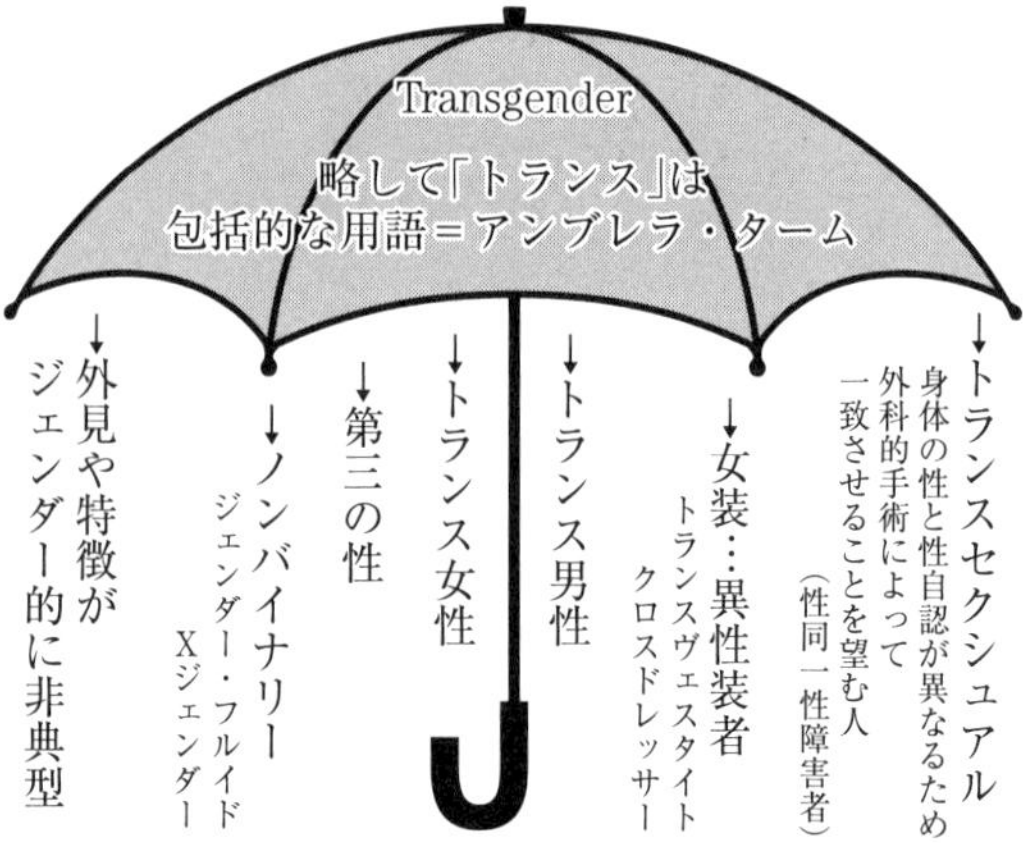

図3-1　国連の定義をもとに図式化

図3－1をご覧いただきたい。

国連の定義によると、トランスジェンダーとは性同一性障害者のことだけを指すわけではない。トランスジェンダーとはアンブレラターム（包括的概念）の呼び名であり、大きな傘の下にはいくつものカテゴリーがぶら下がっている。

一番右の「トランスセクシュアル」が性同一性障害の人たちのことだ。この人たちは身体の性と性自認が異なるため大変苦しんでいる。だから外科的手術を望む。摘出した子宮やペニスには未練がない。

右から二番目の「女装」もトランスジェンダーに含まれる。妻や子どももがいる異性愛者の男性であっても女装をする人は皆トランスジェンダーだ。トランスジェンダーコミュニティーの祖、バージニア・プリンスは、二回女性と結婚し三人の子どもがいる女装家である。

「トランス男性／女性」は、身体の性と性自認が異なってはいるものの、手術をするほどの苦しみはない人たちのことだ。

「第三の性」とは、インドのヒジュラなど民族的概念のこと。

「ノンバイナリー」とは、性が流動的で男性とも女性とも規定されたくない人のこと。歌手の宇多田ヒカルさんが自分はノンバイナリーだと宣言した。

そして最後の「外見や特徴がジェンダー的に非典型」とは、この中にはなんでも入ることを意味する。たとえば自分が女性用下着を付けることに性的興奮を覚えるオートガイネフィリア（自己女性化愛好症者）もここに分類されるだろう。彼らの中には股間タックという方法で睾丸を体内にしまい込み、玉袋で陰茎を包んで疑似女性器を作り、恍惚とした表情で女性トイレや女湯に入る人もいる。定義の範囲があまりにも広すぎるのだ。

トランス活動家は、これらすべてのトランスジェンダーが性自認だけで戸籍の性別変更をできるよう法改正を求めている。法律に「性自認の尊重」と書き込むことの困難さがお分かりいただけるのではないだろうか。

もちろんオートガイネフィリアを差別してはいけない。彼らも筆者たちゲイと同じく、そのように生まれたくて生まれたわけではないからだ。だがそのことと、トランスジェンダーのすべてを線の内側（女性専用スペース／男性専用スペース）に入れよとの要請を無条件に飲むことは別だ。国連の定義が本当に正当なものであるのか検討する必要があるし、わが国が基準を作るにしてもまずはトランスジェンダーとは誰のことを指すのかを議論しなければならない。

バイデン政権はパスポートを改変し、男性・女性の他に、Ｘという項目を設けた。そのいずれであっても医療機関による診断なしで自由に選べるというのだ。コロナで限定的だったインバウンドも徐々に回復してきた現在、日本独自の文化である温泉や銭湯に赴く外国人も多いだろう。どう見ても男性にしか見えない人が「自分は女性だから女湯に入れてほしい」と女性欄に印のついたパスポートを見せたらどうなるだろうか。運営者が断れば、日本は差別国だと海外メディアは報じるだろう。こうした待ったなしの状況に日本政府は対処できていない。

アメリカでは、一八～二四歳の三九％が自分はＬＧＢＴＱだと認識していることがアリゾナクリスチャン大学の調査によってわかった。政治学者フランシス・フクヤマ氏の分析を筆者なりに敷衍すると、ＬＧＢＴへの「憧れ」と「恐怖」が数字を押し上げているといえる。「憧れ」とは、生まれながらにして輝いているように見えるＬＧＢＴに自分もなりたいと思う気持ち。「恐怖」とは、ＬＧＢＴへの失言で自分が築き上げてきたキャリアがゼロになるくらいなら最初から被差別属性を名乗っておこうという自己防衛の気持ちだ。つまりＬＧＢＴの中には多くの異性愛者が入り込んでいるのである。かつて精神科医の香山リカ氏は右傾化する日本を憂えて「ぷちナショナリズム症候群」という時代診断をくだしたが、ＬＧＢＴにおいても「症候群（シンドローム）」と呼ぶべき現象が起きているのかもしれない。

二〇二二年、連邦最高裁の判断でアメリカでは中絶が禁止になり、同性婚もいずれ禁止になるだろうと騒がれている。なぜこうなったかというと、どちらも憲法改正ではなく憲法解釈によって合法としたからだ。日本の左派LGBT活動家は憲法改正をしなくても解釈改憲で同性婚を法制化することは可能というが、そんなことをすればすぐさま違憲訴訟を起こされ敗訴するだろう。札幌地裁でも大阪地裁でも東京地裁でも同性婚訴訟の原告は負けている。

（札幌地裁は、粛々と憲法二四条は同性婚を管轄していない旨を述べた。ただし、異性婚によって生じる権利の一部さえも享受できていない状態は憲法14条に反するとし、同性婚でなくてもいいからせめて事実婚などの制度を整えよと立法府にボールを投げたのだった。大阪地裁判決はもっとドライで、「同性婚ができないことは憲法違反ではない」と取り付く島もない回答だった。東京地裁は、同性婚を認めない現行法は違憲ではない。しかし、家族になる制度がないのは「違憲状態」とした。家族になる制度は同性婚に限らない点がポイント）。

憲法学者の木村草太氏が吹聴して始まった解釈改憲での同性婚論だが、たった数年前まで「同性婚は現行憲法下で可能」などと主張する法律家はほとんどいなかった。そしてそれは今も意見対立しており、時代によってどちらの法理が優勢になるかは分からないのである。法曹界といえども、ポピュリズムと無縁ではない。時流に左右されることなく同性愛者の身分を安定的なものにするためには、日本においてもアメリカにおいても改憲による同性婚を求めていかなければならない。LGBT問題は緒についたばかりで流動的である。だからこそ保守派も交えた対話が必要なのだ。

おわりに――政治的リベラリズムとはナショナリズムの別名に他ならない

二〇一九年に成立した台湾の同性婚制度は、外国人との結婚について、相手の国も国内法で同性婚を認めていることを条件としていた。しかし二〇二三年一月、台湾内政部は方針転換し、同性婚制度のない国の人間であっても受理すると通知を出した。左派LGBT活動家は「国による差別がなくなった。日本は台湾を見習え」とはしゃいだが、実は例外が付いていた。カップルの一方が（香港とマカオを除く）中国本土の住人の場合は適用外とされたのだ。台湾政府は、大量の中国人が同性婚制度を利用して戸籍を取得し、親中派政権を誕生させることを恐れている。安全保障の観点から中国を排除したのだと推測することは難くない。差別をなくすための制度が、差別を内包した制度へと堕したのである。

リベラリズムの弱点は、政治的に「線」を引いた内側の仲間には平等に再分配するが、どこに線を引くかは常に恣意的だということだ。台湾の同性婚制度にもそれが色濃く出てしまっている。線引きは、国による選別にとどまらない。成人同士が自己決定で合意している多重同性婚（ポリガノミー）や近親同性婚（親子、兄弟、姉妹）は、なぜ線の外側なのか。リベラリズムの論理で答えられる人はいないだろう。リベラル派は、自分たちがやっていることは普遍的リベラリズムではなく政治的リベラリズムなのだと自覚できているだろうか。そしてそれは、ナショナリズムと機能的等価なのだ、と。
中国を除外した台湾型同性婚は、日本でも参考にされる可能性がある。中国の脅威は、台湾だけでなくわが国においても同じだからだ。故・安倍晋三元首相は「台湾有事は日本有事」と言った。ちなみに朝鮮学校は高校授業料無償化の対象外とされたが、最高裁は適法としている。

欧米的価値観に飲み込まれてしまうことを恐れてウクライナに侵攻したロシアのプーチン大統領は、二〇二二年に改正LGBT宣伝禁止法を可決させた。一方、EUに参画したいウクライナは、同性パートナーシップ制度を確立した反面、貧困女性を利用した代理母産業の一大産地であり、世界中からクライアントが殺到している。フェミニズムの第一人者、上野千鶴子氏は「他人の体を使って自分の自由を追求するな」（NHK『100分deフェミニズム』での発言）と激昂する。代理出産によって子どもをもうけるゲイカップルは多いが、批判の矛先は当然彼らにも向けられる。冒頭で筆者が「LGBT問題は一筋縄ではいかなくなった」と頭を抱えた理由をお分かりいただけただろうか（二〇二三年一月寄稿）。

【引用・参考文献】

橘玲（二〇二二年八月一三日）「今週の本棚・話題の本」『毎日新聞』。
内閣府の調査（二〇二一年三月）内閣府が令和二年に行った「男女間における暴力に関する調査」。

笙野頼子（二〇二二年七月五日）「女性の人権と安全のための言論空間」Female Liberation Japan.「お元気ですかまたしても、……（2）」
https://archive.md/2022.07.07-000933/https://femalelibjp.org/nf/2022/07/05/%E3%81%8A%E5%85%83%E6%B0%97%E3%81%A7%E3%81%99%E3%81%8B%E3%81%BE%E3%81%9F%E3%81%97%E3%81%A6%E3%82%82%E3%80%81%EF%BC%88%EF%BC%92%EF%BC%89/…

千田有紀（二〇二〇年三月）「『女』の境界線を引きなおす―『ターフ』をめぐる対立を超えて」『現代思想「総特集＝フェミニズムの現在」』（二〇二〇年三月臨時増刊号）。

カルチュラル・タイフーン２０２２（二〇二二年七月二一日）「トランス排除とフェミニズム―『トランスジェンダー問題』を再定位する」
http://cultural-typhoon.com/act/jp/wp-content/uploads/CT2022-timetable0917.jpeg

『新ＫＥＮ』21号（二〇〇七年）。

『秋田魁』（秋田県の日刊新聞）。

星野豊准教授によると「一橋大院生『同性愛自殺』裁判をどう見るか」（二〇一八年八月一八日）『新潮45』二〇一八年九月号。

「ＬＧＢＴには生産性がない」と発言し、掲載した雑誌（二〇一八年七月一八日）『新潮45』二〇一八年八月号。

「『ＬＧＢＴ』支援の度が過ぎる。三六の州で同性愛矯正施設が認可されており、約七〇万人が『治療』している」（二〇一八年）映画『ある少年の告白』で紹介されたデータ。

ＥＵ（二〇二〇年）ＮＨＫの報道。

千葉雅也（二〇二一年六月七日）R-Weeks ICU PRISM特別イベント「これからのクィアポリティク

スを考えよう―否定性の複数性について」。

データ（二〇二〇年三月三〇日）「性自認及び性的指向に関する調査」結果東京都。

アリゾナクリスチャン大学の調査（二〇二一年一〇月二六日）「アメリカの若者の三〇％以上が『自分はLGBTQ』と認識していることが判明」『ニューズウィーク日本版』。

フランシス・フクヤマ（二〇二一年六月一〇日）「『キャンセル』が飛び交う不寛容な国・アメリカ」『中央公論』二〇二一年七月号。

香山リカ（二〇〇二年九月一日）『ぷちナショナリズム症候群―若者たちのニッポン主義』中公新書ラクレ。


（松浦大悟）

第4章　台湾の婚姻平等（婚姻平権）への歩み

はじめに

「国際反ホモフォビア、バイフォビア、レズボフォビア、トランスフォビアデー（五月一七日）」にあたる二〇一九年五月一七日、台湾の立法院は「司法院解釈第748号実施法」を制定した。このかなり専門用語的な名称を持つ法律は、民法の婚姻規程における同性カップルへの適用を可能とし、すべての人に対する婚姻の平等を実現したのであった。国際結婚に関しては、第一に、同性カップルによる養子縁組は、生物学的に血縁関係のある子どもに限られていた。第二に、国際結婚は、もう一方のパートナーが同性婚を認めている国の出身である場合にのみ可能であった。この制約は二〇二三年一月に、パートナーが中国本土出身者である場合を除き撤廃された。かくして、若干の制約を留めつつも、台湾は婚姻の平等を達成したアジア初の国となったのである。

世界的には、デンマークが一九八九年に同性間のシビルユニオン（市民的結合）を認めた最初の国となったが、二〇〇〇年に同性婚を最初に合法化したのはオランダであった。その後、二〇二二年一〇月までに、三四カ国が同性婚を認めているが、そのほぼすべてが西欧、北米、中南米、オセアニア諸国である。台湾のＬＧＢＴ活動家はいかにしてこの画期的成果を手にすることができたのか。本章は、これらの問いに対する論考を目的とするものである。

1 台湾における同性婚合法化の特筆性

まずは、台湾の事例が世界的にも注目に値する理由を、以下に述べたい。

第一に、台湾が、他国とは異なりシビル・ユニオンやパートナーシップ制度などの前段的妥協策あるいは通過点を経ずして、同性婚の法制化をなし得たという点である。やはりそうした段階を踏まず、かつ台湾に先んじて合法化したのは、南アフリカ（二〇〇六年）とアルゼンチン（二〇一五年）のみであるが、この二カ国にも特有の事情があった。南アフリカのＬＧＢＴ運動は、民主化運動の延長上に位置付けられるべきであると同時に、反アパルトヘイト闘争から派生した運動としての側面も有していた。アルゼンチンは、かねてよりラテンアメリカにおいて最もリベラルな国であり、首都ブエノスアイレスは同性愛の中心地的存在であった。二〇一七年五月に司法院大法官が同性婚の否認を違憲とする以前にはシビル・ユニオン等の法制度が皆無であったように、台湾における同性婚の合法化は「ビッグバン」的に実現したのであった。

第二に、他国に遅れて始まった台湾のＬＧＢＴ運動が、インクルージョン（包摂）を希求する穏健路線に徹したという点である。祁家威は一九八〇年代半ばの台湾において同性愛者であることを公にした最初の人物であり、長年にわたり単身で同性婚合法化運動を展開し、ＬＧＢＴ運動の先駆者として広く知られている。男女の同性愛者たちが大学内クラブや書店、教会、支援団体の設立運動を始めたのは、一九九〇年代に入ってからのことであった。このように、台湾においては、一九六〇年代のゲイリブや一九八〇年代のエイズ関連の抗議活動のような闘争型抗議運動が展開されることはなかった。台湾初のＬＧＢＴ団体である台湾同志ホットライン協会（台灣同志諮詢熱線）が二〇〇〇年に社団法人として認定され、毎年開催されるパレード「台湾プライド」が始まったのは二〇〇三年のことであった。その後、台湾市民パートナー権促進連盟（台灣伴侶益推動聯盟、以下ＴＡＰＣＰＲ）が、二〇〇九年に婚姻の平等を掲げる台湾初の団体として結成されたことは、台湾のＬＧＢＴ運動の新たな始まりを象徴していた。ＴＡＰＣＰＲは、同性婚をはじめシビル・パートナーシップや「家族の多様性」への法的制約の解消を目標に、いくつかの戦略を打ち出した。その一例として、二〇一三年には、同性カップルの婚姻平等権が立法院議員の十分な支持を得て、第一読会での審議入りの準備を整えるまでに至ったのである。

最後に、台湾のＬＧＢＴ運動は、むしろその「後発性」を利点として、政府のより迅速な対応を引き出すことができたという点である。駐米台北経済文化代表処代表であり二〇二四年の総統選における民進党副総統候補となった蕭美琴は、二〇〇六年当時、民進党の立法院議員として同性婚の合法化に向けた主導的役割を果たしたが、その年の「台湾プライド」において女性同性愛者同士の結婚式を挙行することにより、この問題を前面に打ち出した。台湾の活動家たちが遂に婚姻の再定義を勝ち取るのは、それから更に一三年後のことであったが、米国に比べてその道程は短かった。米国の活動家が同性婚を求め最初に声を上げたのは一九八七年のことだが、全国規模での合法化に道が開かれるまでには、二〇一五年の「オーバーグフェル対ホッジス裁判」をめぐる連邦最高裁判決を待たねばならなかった。州・連邦レベルでの法廷闘争や住民投票に明け暮れること二八年もの歳月が費やされたのである。

2 同性婚合法化の背景をめぐる通説の問題点

続いて、同性婚合法化に至る政治過程を論ずるに先立ち、通説の問題点を指摘していきたい。まず、文化主義者は、多様性と寛容性が文化的資産により涵養される国であれば、同性カップルへの権利付与の可能性はより高くなると考える。例えば、同性婚の合法化が達成された要因として台湾の多元的文化背景を指摘する海外メディアもあり、ワシントンポスト紙の記者は、「原住民の存在やオランダや日本による植民地統治、台湾海峡を越えてもたらされた中国の習俗」などの「文化的融合」に着目する。同じく、エコノミスト誌の記者も、外的影響と内的伝統が「特有の開放性を帯びた混成社会の形成を促した」としている。

しかし、こうした見解には問題がある。植民地経験と中国文化のいずれにせよ、多様な性的指向への寛容さが外来文化の影響に起因することを裏付ける確たる根拠にはならない。人口の僅か約二・四％に過ぎぬ原住民に着目したところで、かえって誤解を招くことになるだけかもしれない。多民族社会台湾において、キリスト教徒の占める割合が最大なのは原住民であるが、台湾全体におけるキリスト教徒は宗教的少数派で、二〇一五年の調査では人口の六％を占めるに過ぎない。ところが、同性婚反対陣営において原住民の存在は決して小さくはなく、原住民系キリスト教徒の一部は、反対運動において主導的役割を担ってきたのである。儒教もまた、権威と集団的調和、孝心を重視する文化的価値体系ゆえに、生殖生産性を欠く同性婚を容認するはずもない。

第二に、異質な性的指向に対する包摂傾向を近代化の必然的帰結とするのが通説的見方であるが、同性婚など新たなものに対する社会的認知度を証明する手段として、しばしば世論調査が引用される。「台湾社会変遷調査」は、確かに同性婚への容認姿勢が連続的拡大傾向にあることを示しており、「同性愛者に婚姻権を付与すべきか」との問いに対する「強くそう思う」または「そう思う」との回答は、一九九一年には一一・四％であったものが、二〇一二年に五二・五％まで上昇し、二〇一五年には五四・二％にまで達している。

しかしながら、以下の理由により、世論調査に現れた好意的姿勢が、そのまま同性婚運動の拡大や法改正に結びつくとは限らない。一九九五年から二〇一二年までの世界価値観調査によれば、台湾人に比べ日本人の方が、同性婚に対する容認度が高いとの結果が示されたのである。だが実際には、婚姻の平等をめぐり、日本は台湾の後塵を拝する結果となった。台湾シンクタンク（台灣智庫）の調査によれば、二〇一六年に同性婚推進派議員が三度目の挑戦となる同性婚合法化に乗り出したところ、反対派も抗議運動への動員を拡大し、最終的には賛成派の優勢を事実上消失させてしまったのである。同年一一月四日の調査では、婚姻の平等に関する回答のうち「強く支持する」あるいは「支持する」は五四・六％に達したが、僅か一月後の一二月一二日には三四・八％にまで低下したのである。つまり、世論とは決して進歩的な改革を支える強固な基盤などではなく、保守派の攻勢により容易に覆されてしまったように、千変万化なものなのである。

3　保守反対派の抵抗

本節からは、台湾における婚姻の平等実現の要因を文化的伝統や世論などに求めるのではなく、この画期的変革に至るまでの政治過程に見出すべく、保守反対派、選挙制度の変更、若年層による運動の台頭とそれらの相互作用について順次考察していくこととする。

今世紀の始まりに前後して、台湾の宗教指導者たちは、「性の解放」という倒錯傾向をもたらした文化的近代化により蝕まれつつある伝統的家族観や性規範を護持すべく運動を開始した。以後、保守派と進歩派は、中絶、同性婚、男女平等教育をめぐり熾烈な角逐を長期にわたって展開することになる。

台湾において最古にして最大の新教教団である長老派教会を除けば、おおよその宗教指導者たちは、社会問題から距離を置くかあるいは国民党の統治に従順であったため、民主化の過程で宗教団体が重要な役割を果たすことはなかった。しかし、個人主義的かつ内向的、順応可変的な傾向の台湾社会への浸潤は、宗教組織に生態的変化を生じ行動主義に駆り立てることになる。

新旧キリスト教保守派の要請を受け、二〇〇二年に、国民・民進両党をはじめとする各党の立法院議員六一名により、胎児の権利保護を目的とする法修正案が提出された。それは中絶前の診察義務や施術前六日間の待機期間の設定を求めるもので、米国の中絶反対運動のレトリックに倣うことで中絶を規制することが目的であった。翌二〇〇三年には、主要仏教団体の指導者が参加して、生命尊重全民運動大連盟が結成された。宗教側のこうした動きに対して、同じく二〇〇三年、女権拡張論者たちは、中絶反対運動への対抗措置として、立法院議員五六名の支持を得て、中絶に関する配偶者同意要件の削除と、学校における性教育並びに男女平等教育の推進義務化を盛り込んだ法修正案を公表した。保守派も更なる対抗措置として、二〇〇五年には高校における純潔教育の実施を求め新たな法修正案を提出した。こうしたなか、民進党政権（二〇〇〇―二〇〇八年）と国民党政権（二〇〇八―二〇一六年）はともに宗教保守派と女権拡張論者の板挟みとなり、中絶問題は行き詰まってしまったのである。

その後、ＬＧＢＴ活動家の政治的影響力が高まるにつれ、保守派の関心は同性婚問題に移っていく。二〇一三年九月に複数の宗教団体により結成された「台湾宗教団体愛護家庭大連盟」は、一一月に約三〇万人が参加する大規模集会を挙行して伝統的婚姻の維持を訴えた。二〇一五年には、キリスト教保守派が、翌年一月の総統並びに立法院議員選挙における与党国民党の敗北を見越して、新政党「信心希望連盟」を立ち上げた。もっとも、立法院の比例代表選出議員選挙での総投票数は一・七％に過ぎず、議席獲得とはならなかった。二〇一六年一一月にも同性婚実現のための更なる試みが始められるも、反対派の緊急動員により事実上阻止されてしまった。宗教保守派は、二〇一六年一二月にも約二〇万人を動員して大規模集会を開催するとともに、各地での抗議活動や同性愛者権利推進派議員に対する解職請求運動を開始する。それに先立つ同年一月の総統選に当選した民進党の蔡英文は同性婚の合法化を選挙公約に掲げていたが、保守反対派の大規模動員に直面し、年内の公約実現を成し遂げることはできなかった。

ところが、翌二〇一七年五月、蔡総統の推挙によりリベラル派大法官が就任した司法院は、画期的判決を下すこととなる。「司法院釈字第７４８号解釈」は、憲法が保障する国民の平等権と婚姻の自由を根拠に同性婚を支持し、行政院及び立法院に対して、二年以内に同性婚に関わる立法措置を二年以内に講じるよう求めたのであった。

4　新しい選挙制度

二〇〇八年に新たな立法院議員選挙制度が導入され、議員定数の半減に加え、中選挙区制から小選挙区制への移行、選挙区制と並立型の比例代表制での有権者が政党に投票する新投票方式とともに一人二票制が採用された。この制度改革は、国民・民進両党それぞれの政治的思惑によって実現したものであるが、そこには有権者の立法院に対する不満解消という超党派的なものも含まれていた。ところが、この新選挙制度が同性愛者たちの運動をはじめとする社会運動に予期せぬ益をもたらしたのである。旧制度の二二五議席中、選挙区の得票率により議席配分される比例代表四一議席（全体の一八・二％）あったのに対して、新制度では一一三議席数のうち比例代表が三四議席（全体の三〇％）に増大した。加えて、各党の指名による比例代表選出議員は、選挙区選出議員に比して選挙区との関係性が希薄であることから、有権者の間では「不人気」な性的少数者のための改革法案や超党派での法案の提出可能性が高くなったのである。

新制度における比例代表制は、学者や社会運動指導者など職業政治家以外の者たちにとって、国政参画のための重要な手段の一つとなった。例えば、政界入りする前は女権拡張論者でありかつ弁護士でもあった尤美女は、第八期（二〇一二―二〇一六年）と第九期（二〇一六―二〇二〇年）の立法院において、民進党の比例代表選出議員として、婚姻平等法案提出に際して重要な役割を果たした。同性婚反対が多数派を占める国民党でも、第九期立法院において比例代表選出の許毓仁が、党内の同性婚支持派を代表した。

二〇〇五年から二〇一六年までの間に、婚姻平等に関連する九つの改正法案の提出にかかわった三七議員のうち二一名が比例代表選出であったことからも明らかなように、立法院において同性婚実現に向け中心的役割を果たしたのは彼らであった。前述のとおり、比例代表選出議員が選挙区における民意から相対的に自由であったのに対して、選挙区選出議員は保守系反対派による事務所への頻繁な訪問や草の根のロビー活動から逃れられず、同性婚支持に二の足を踏むようになった。こうした保守反対派の動きは、とりわけ長老派教会の支持が再選の鍵を握る台湾南部の選挙区において与党民進党議員を悩ませることとなった。そのため、蔡政権成立後最初の立法院会期中の二〇一六年冬、同性婚に慎重あるいは懐疑的な選挙区選出委員と積極的な比例代表選出議員に間に深刻な党内対立が生じ、与党民進党は、保有議席が過半数を上回るにもかかわらず同性婚の実現に向けた立法上の策を一切講ずることができなかったのである。

5　若年層による運動の台頭

二〇〇八年から二〇一六年までの国民党政権期は、台湾社会における抗議活動の高潮期でもあり、経済的不満や台湾の民主主義を脅かす中国の存在感の増大を背景に、デジタルメディアを通して力を得た学生をはじめとする若年層が、運動における主導的役割を果たすこととなる。とりわけ、二〇一四年三月に発生し約三週間にわたり立法院を占拠した「ひまわり学生運動（太陽花学生運動）」こそは、この時期に発生した数々の運動の頂点をなすものであった。この運動は、中国とのサービス貿易協定締結による経済的影響や、中国の影響下組み敷かれた場合の政治的帰趨に対する不安から生じた論争に端を発していた。占拠という妨害戦術により立法院を機能停止に陥れたにもかかわらず、運動が世論の支持を失わなかったのは、参加者たちの礼節を保った言動や行動が好感を呼んだからであろう。貿易協定の即時批准阻止により成功と評された運動により示された若者特有の理想主義の発露は、他の若年層をも触発し、抗議活動の新たな波が台湾社会に押し寄せたのである。

婚姻平等化運動の活動家たちにとっても、「ひまわり学生運動」の意義は、以下の点において重大であった。調査によれば、「ひまわり学生運動」は、参加者の七四・一％が三〇歳以下であったように、若年層主体の抗議活動であったが、多様な性的指向に対する若年層の認識は、海外での調査結果に似て、年長者世代に比べてより寛容であった。前述の台湾シンクタンクが二〇一六年一一月に実施した世論調査によれば、三〇歳以下の七八・九％が婚姻平等化を支持したが、その割合は年齢層が高くなるほどに低下し、七〇歳以上の支持率はわずかに一七・六％であった。したがって、政治的により積極的な若年層が、婚姻平等化運動の軸になるのは必然であった。「ひまわり学生運動」以前には、大規模集会を開催する動員力を有するのは、教会を基盤とする保守派のみであり、ＬＧＢＴ活動家による主催イベントは常に小規模なものであったが、運動を経て、若年層の熱狂の波に乗ったＬＧＢＴ活動家たちは、二〇一四年一〇月五日、そして二〇一六年一二月一〇日と相次いで大規模集会を開催するようになった。

二〇一六年末に婚姻平等化をめぐる論争が激化した際、ＬＧＢＴ活動家たちが選択した戦術のいくつかは、「ひまわり学生運動」でのそれであった。二〇一四年の立法府占拠期間中、運動参加者の一部は街頭演説や音楽活動、ビラ配りなどを通して、彼らの主張を広めようとした。運動の最高潮時には、「蜜蜂（小蜜蜂）」と呼ばれた個々の参加者たちは、運動の支部「蜂の巣」を全国に一〇〇か所以上設置した。同様に、二〇一六年の「婚姻平権小蜜蜂」も若者の分散的、創造的かつ自発的な参加による活動であり、発起人によれば、参加者数は一時期二万人にまで達したというが、これは、自己効力感に確信を得た「ひまわり世代」がそのまま「レインボー（虹）世代」に転じた結果かもしれない。

「ひまわり学生運動」からは、政界入りを目指す若者たちも現れた。運動の活動家のなかには、同性愛者であることを公言し、二〇一四年の統一地方選挙や二〇一六年の立法院議員選挙に出馬する者もいた。また、運動の精神の継承を主張する二つの新政党、時代力量（ＮＰＰ）と社会民主党（ＳＤＰ）は、台湾のＬＧＢＴ運動にとり重要な盟友となった。二〇一六年選挙の結果立法院に五議席を得た時代力量は、院内第三党に躍進し、第九期立法院では初の婚姻制度改革案を提出した。議員の一人であり当時党首でもあった黄国昌は、婚姻平等化に対するその積極的姿勢ゆえに、保守派による解職請求運動の標的にもされた。社会民主党は二〇一六年には議席獲得こそ逃したものの、ともに女性同性愛者である呂欣潔と苗博雅は全国的な注目を集め、婚姻平等化運動の顔となったのである。

6 国民投票から法制化へ

二〇一七年五月の司法院大法官判決の後、保守派は国民投票による攻勢に打って出た。二〇一五年にも、保守反対派が婚姻を一男一女の結合とする民法上の規定を強化すべく署名運動を展開したこともあったが、法的要件の壁に阻まれ挫折している。しかし、二〇一七年一二月の国民投票法の改正が保守派に好機をもたらすこととなる。主な改正点は、①第一段階である提案権獲得に必要な有権者数の一千分の一から一万分の一への引き下げ並びに第二段階である提案承認に必要な有権者総数の五%から一・五%への引き下げ、②立法院における議席数による各党の委員数の決定並びに国民投票案を無効にする権限を有する国民投票審査委員会の廃止、③国民投票における提案成立要件として、投票率の五〇%から二五%への引き下げとともに、五〇%の賛成投票率を有効賛成票が反対票を上回ればよいことに変更することの三点であった。

また、保守系野党は、司法院大法官判決が修正される可能性が低いことから、民法上の婚姻規定を一男一女の結合に限定する一方で、同性カップルの権利保障のための特別法制定を提案することにより、民法の完全な改正による同性婚の合法化回避を選択したのである。更に、ＬＧＢＴ理解の涵養を目的とする教育課程をはじめとするジェンダー平等教育の導入反対の立場から、小中学校段階でのＬＧＢＴ教育を阻もうとした。この時の国民投票に付された反対派の三提案をして「愛家公投」と呼ぶ。

保守派の攻勢はＬＧＢＴの権利促進派に重大な問題を突き付けた。当時促進派の運動は、台湾市民パートナーシップ権促進連盟（ＴＡＰＣＰＲ）と婚姻平等連合（婚姻平権大平台）、Vote4LGBT（平權前夕彩虹起義）の三団体が主導的役割を担っていた。弁護士主導のＴＡＰＣＰＲは、請求や訴訟といった法手続きにより「愛家公投」に対抗しようとした。婚姻平等連合は、老練な女権拡張論者とＬＧＢＴ関連非政府組織（ＮＧＯ）で構成されており、従来型の社会運動の組織化に慣れていた。Vote4LGBTは二〇一八年に社会民主党から台北市議に当選した苗博雅をはじめとする若手活動家が率いる新組織であった。前二者は保守派が仕掛けた国民投票に対する直接対決の準備を進めていたが、その一方でVote4LGBTは突如として独自の提案を以って国民投票に臨むことを表明したのである。民法による同性婚の保証とジェンダー平等教育の完全実施の二提案を国民投票に付すというものであったが、そこに反ＬＧＢＴ側からの提案内容に対して真正面対決を企図しているのは明らかであった。更に、Vote4LGBTは男女の終生・永久的結合の保護を謳う「神聖婚姻法」の制定についても国民投票にかけようとした。これは、保守派に対して「家族愛」の意味の明確化を迫る戦術であったが、軽薄に過ぎると批判を受け、

表４－１：2018年 国民投票

国民投票事案（番号）	提案者	投票率	賛成率
民法の婚姻規定を一男一女の結合に限定（10）	反同性婚活動家	55.8%	72.5%
小中学校でのLGBT教育の実施（11）	反同性婚活動家	55.7%	67.4%
民法の婚姻規定以外のかたちによる同性の永続的共同生活の権利の保障（12）	反同性婚活動家	55.8%	61.1%
小中学校でのジェンダー教育実施の法制化（15）	LGBT活動家	55.3%	34.0%
民法による同性婚の権利の保証（14）	LGBT活動家	55.4%	32.7%

断念を余儀なくされた。ＬＧＢＴ活動家たちは、「三壊両好（野球でいうフルカウント）」のスローガンを掲げて、国民投票をめぐる闘争に有権者の動員を試み、弁護士や起業家、芸能人、時代力量と民進党の一部の政治家からの支持を集めた。彼らは記者会見やコンサート、毎年開催の「台湾プライド」パレードにおける各種イベントなどにおいても自らの主張の発信に努めた。保守反対派も、教会関係者の動員によるチラシの配付などの対抗措置をもって応戦した。

二〇一八年一一月二四日、台湾の有権者が投票所に足を運んだ結果は、保守派の圧勝、すなわちＬＧＢＴ活動家側の惨敗であった。計五つの投票事案の投票結果は表４－１の通りである。

保守派による三案が六一％から七三％近くの賛成票を得たのに対し、進歩派の二案に対する賛成票はわずか三二％台後半から三四％であった。これほど一方的な結果に終わった要因ないしは背景をいかに説明すべきか。

まず、国民投票は、地方統一選挙と並行実施されたのが、総統選挙から二年目に行われるこの中間選挙が、政権与党に大きな試練を突き付けるのは、台湾における常態的政治環境の一面にすぎない。二〇一八年一一月といえば、蔡英文率いる民進党政権の発足から二年半が経過した時であり、労働時間や電力供給、年金、「移行期正義」の改革に対する政権の取り組みが、国民の多くから反発を招いていた時期でもあった。民進党の同性婚に対する親和的姿勢をよしとしない有権者が、国民投票において政権を懲らしめるべく投票した可能性も否定できまい。だが、民進党の苦境は、大衆迎合政治家である国民党の韓国瑜が、民進党の牙城高雄の市長選を制して頭角を現したことで、より深刻なものとなったのである。

第二に、政治的逆風を自覚する民進党が、地方統一選に注力するために国民投票からは距離を置いたことも、リベラル派敗北の一因となったのかもしれない。保守系有権者が反ＬＧＢＴの立場を表明する国民党候補者のもとに結集したのに対して、民進党の首脳や主要候補者たちは国民投票事案に対する姿勢を明確化しようとはせず、その結果、リベラル派有権者を寄る辺も為す術もない状況に置いてしまったからではないだろうか。

加えて、保守陣営の結束に対するＬＧＢＴ支持団体側の連携の拙さも指摘されねばなるまい。ＬＧＢＴの権利擁護を掲げる前述の主要三団体による国民投票への対応は一様ではなく、その結果、保守派への対抗措置としてVote4LGBTが提起した二つの国民投票事案にしても、リベラル派の支持を十分に糾合することができなかったのである。

国民投票の結果によって、憲法に比肩する法的地位を有する大法官判決に対する、保守派による変更が可能になったわけではなかったが、同時に進歩派が求めた民法改正による同性婚合法化への途も閉ざされたのであった。大法官判決による法的措置の期限が迫りつつあるなか、ついに蔡英文政権は特別法の制定による同性婚問題の決着を決断した。行政院長蘇貞昌は、与党内の結束を図るべく、政権による決定を一九八〇年に美麗島事件（高雄事件）で軍法会議にかけられた反体制活動家の苦難になぞらえつつ、自身の世代に問われているのは、いかなる決断をするかということであり、正義の執行から逃れるという選択肢はないと訴えた。その後、「司法院解釈第748号実施法案」は立法院において可決されたが、民進党政権の懸命の働きかけにもかかわらず、ついに最後まで異なる選挙制度により選出された同党議員間の溝が埋まることはなかった。立法院一一三議席のうち、民進党は六八議席（選挙区五〇、比例一八）を有していたが、うち選挙区選出議員一三名が棄権または反対の選択をした。その多くは選挙区のキリスト教有権者からの強い圧力に晒されていたのである。三五議席（選挙区二四、比例一一）を持つ国民党も造反を防ぐことはできず、七名が賛成に回り、うち四名が比例代表選出であった。このことからも比例代表選出議員の動向が法案の可否に一定の影響力を及ぼしたことがわかる。

おわりに

台湾において婚姻の平等が実現してから二〇二二年五月までの三年間で、同性カップルによる婚姻登録数は七九〇六組を数え、その七〇%以上を女性同性愛者のカップルが占めた。とはいえ、同時期の異性間カップルの登録数は約三万七〇〇〇組を数えており、同性婚の全婚姻数に占める割合は全体の二%を超えたに過ぎない。その一方で、公的調査は、同性婚に対する社会的容認度の上昇傾向が続いていることを明らかにしており、容認との回答が二〇二〇年の五三%から二〇二二年には六一%まで増加したのに対して、「同性婚は家族や倫理を破壊する」との回答は四六%から四一%へと減少に転じたのであった。

二〇一六年から二〇一九年にかけて先鋭化した同性婚をめぐる対立と論争も、今日の台湾社会からはほぼ消失したかにみえる。毎年恒例の「台湾プライド」を除けば、もはや大規模デモや集会が開かれることはない。主だった政治家たちもこの問題にはほとんど言及しなくなった。LGBTの権利擁護派が国際結婚や養子縁組に関する制限の撤廃に注力する一方、保守反対派は同性婚に関しては、もはや已む無しと観念したようだが、ジェンダー・フレンドリー教育阻止のための名分として、学校教育への保護者の参画を主張するなど、引き続き教育現場では活動的であるかにみえる。同性婚の確たる容認は、寛容性、人権、多様性の尊重などの進歩的価値観に対する、台湾としての対外的支持表明に等しい。民主的台湾にとって、自由主義的自画像を国際社会に向けて発信することの死活性は、とりわけ中国による併呑の脅威に晒されれば、猶更のことである。「同性愛者にやさしい台湾」であることは、継続的支援と関与を期待するうえで不可欠な西側民主諸国との思想上の距離を縮め、権威主義的かつ専制主義的傾向を強める中国との明確な違いを浮き彫りにする。中国では、伝統的男性像の堅持が国家安全保障に関わる問題にまで格上げされ、性的少数者にとっての安全圏は大幅に縮小してしまっている。中国の指導者たちによる台湾に対する大陸への復帰要求は、台湾島民をして人種・血統的に中国人とする主張に拠るものであるが、台湾が同性愛者への権利付与をもって示さんとした自由主義的価値観を是認するとの決断は、すなわち台中両岸の一体性という中国の主張に対する拒絶表明に他ならなかったのである。

同性婚問題は、台中両岸関係を超えて、今日世界規模的現象ともいうべき「文化戦争」のなかにおいても、際立ちをみせている。ロシアのウラジーミル・プーチンのごとき権威主義的支配者たちは、同性愛的行為とそれに対する容認姿勢の拡大を目前にして、罪深き「退廃した西洋」からの覇権奪取に自らの使命を見出している。彼らにしてみれば、民主主義とは、事実上、利己主義的放埓や道徳的弛緩、性的倒錯と同義に他ならず、同性婚の容認は、国防力の必然的低下を招く。翻って台湾を見るに、婚姻の平等をもって、自らが民主主義陣営に属することを国際社会に向けて大胆に表明している。台湾による民主主義と性的少数者への尊重姿勢が、はたして周辺地域並びに世界各地における独裁主義的体制の台頭・拡散という試練に耐え得るものなのか、それは時が経てば明らかとなるはずである。

本章は、著者が過去に発表した次の論文の内容を再構成し、まとめたものである。「台湾の婚姻共同体への道。同性婚合法化のポリティクス China Quarterly 238 (2019), pp.482-503; The War of Referenda in 2018: 社会運動と政党の分析と相互作用」『蔡英文第一次政権下の台湾』。Navigating in Stormy Waters, eds. Gunter Schubert and Chun-yi Lee. London: Routledge, 2021, pp.142-166（黄俊浩と共著）；“The Religion-Based Conservative Countermovement in Taiwan: Amsterdam: Amsterdam University Press, 2020, pp.141-166.

（何　明修／訳・水野智仁）

第5章　香港の戦没者追悼式と「日本」

はじめに

筆者の関心事の一つは、戦争の記憶である。そこで本章では、戦争の記憶を考察するうえで重要な事例である戦没者追悼式を、筆者の出身地である香港と日本の関係を考えるための視点として取り上げたい。

しかし、戦争の記憶を考える際、戦没者追悼式の他、モニュメントや博物館、教科書、マスメディア、映画、文学など考察しなければならない領域が数多くある。したがって、本章において取り上げる戦没者追悼式はあくまでも一例である。

それでは、そもそもなぜ戦争の記憶は私たちにとって重要なのであろうか。二〇二二年八月の全国戦没者追悼式では、岸田首相は「祖国の行く末を案じ、家族の幸せを願いながら、戦場に斃れた方々。戦後、遠い異郷の地で亡くなられた方々。広島や長崎での原爆投下、各都市での爆撃、沖縄における地上戦など、戦乱の渦に巻き込まれ犠牲となられた方々」（首相官邸ホームページ、二〇二二年）と命を失った「三〇〇万余の同胞」に言及した（同ホームページ、二〇二二年）。一方で、イギリス政府のホームページによれば、同年一一月のロンドンでは、「二度の世界大戦とその後の紛争におけるイギリスと英連邦の軍人・軍属の貢献を記念する」（GOV. UK, 2022）恒例の戦没者追悼式が行われた。

前者は兵士のみならず一般人の犠牲者にも言及した。後者は軍に敬意を表すことを主とした。共通点といえば、両方とも政府主催による国家の代表的な戦没者追悼式であり、太平洋戦争における日英両国の敵対関係からみれば、両者ともある程度相手国の犠牲者と自国の加害性を無視したことである。

人には悲しむ自由があり、他国の犠牲者より自国の犠牲者とのつながりをより強く感じ、「先祖」や「同胞」を悼みたいと思う気持ちは理解されるべきである。しかし、そこで立ち止まってしまい、他国に対して思いを馳せる必要などないというのであれば、もはや世界平和や「アジア共同体」について考える必要などあるまい。

人は時として、自らの選択により記憶したいものを記憶に残したりするものだが、その一方において、自らが選択したと認識する記憶が、実は政府やマスメディア、民間団体、知識人などによって、意識的・無意識的に選択、編集されたものであるということもあるかもしれない。その背景を理解するうえで、ナショナル・アイデンティティーがキーワードの一つとなる。帰属意識、国家の一員であることに誇りを持つこと、「先祖」や「同胞」、「次世代」とのつながりを感じること。これらはナショナル・アイデンティティーの重要な要素である。ナショナル・アイデンティティーは人権侵害や戦争に引き起こす恐れがある一方で、民族の独立や国民国家の防衛、または共同体の求心力の向上にはメリットがあると思われている。

ナショナル・アイデンティティーを構築・維持・強化する際、あるいは受け入れたくないナショナル・アイデンティティーに抵抗する際に、人々は記憶を選択し編集する傾向がある。特に、自らの人生や国家の運命を左右する戦争にまつわる記憶はその対象となる。

異なる共同体がそれぞれに記憶を選択し編集した結果、異なる記憶と忘却が生じる。同じアジアで暮らしている私たちは、たとえ「日中戦争」や「アジア・太平洋戦争」という共有されているはずの過去の出来事にも、おそらく異なる角度から見ていた。過去のすべてを知ることが不可能である限り、過去をなるべく正確に理解したい私たちにできるのは、世界中で散らばっている過去の断片を多く拾い集め、常に記憶の選択や編集を意識することである。この方法は「アジア共同体」などの将来的なアジアの連帯を考えるうえでも有用であろう。本章において筆者は、記憶とアイデンティティー・ポリティクスとの関係を中心に論じていきたい。可能な限り「客観性」を保つよう心掛けるが、私自身も自らのアイデンティティーや、これまでに得た情報に影響を受けている可能性は否定できないことを、予めここにおことわりしておきたい。

1 香港について

読者にとって、普段香港に関する話題に触れる機会は多くはないかもしれないため、本節では、戦争や追悼式の話をする前に、香港について若干触れておきたい。アヘン戦争後、イギリスと清国は南京条約を締結し、一八四二年に香港島をイギリスに割譲した。その後、一八六〇年と一八九八年に締結された二つの条約によって、九龍と新界も割譲され、租借された。また、一九四一年のクリスマスからアジア・太平洋戦争の終結までは、日本軍が香港を占領していた。一九四九年、中国共産党が政権を手に入れ、新しい中国が誕生した。イギリスにとって香港統治を維持する方策は、防衛力でなく繁栄と安定であった。香港が中国本土より相対的に安定し、豊かであれば、住民がイギリスの支配を拒む理由はない。中国政府にとっても、イギリスの香港統治が自分たちに利益をもたらすのであれば、「香港返還」を急ぐ理由もない。のちに植民地政府は香港の「国際都市」化に成功したが、中国が改革開放政策を開始し、強大化と期待される一方で、イギリスが衰退するにつれ、中国は「歴史の恥辱を雪ぎ」、「祖国統一の大任に就く」時が到来する。一九九七年七月一日、香港の主権は中国に移譲され、香港は香港特別行政区となった。

2 第二次世界大戦と香港防衛戦

一九三七年の日本軍による全面的な中国侵攻開始後も、英領香港の安全がすぐに脅かされることはなかった。しかし、一九四一年一二月八日、ついに日本軍による香港侵攻が開始された。香港防衛のため約一万三〇〇〇人が動員された。そのなかには、イギリス人、カナダ人、インド人、華人などが含まれており、彼らは約四万人の日本軍に立ち向かった。

しかしここに留意すべき点がある。多国籍軍が香港防衛のために自らを犠牲にすることがあったとはいえ、香港防衛の目的は、ただ単に香港の住民を守るだけではなく、東南アジアのイギリス植民地を防衛するための時間稼ぎでもあった。

さて、一八日間の戦闘の末、クリスマスの日に香港の英軍は降伏し、香港は日本軍の占領下に置かれた。だが、「英軍服務団」(British Army Aid Group)などの準軍事組織は、捕虜となった多くの連合軍兵士や抑留者の脱出支援や情報収集活動を続行した。中国共産党の指揮下にあるゲリラ部隊も、一部の中国人知識人や連合軍将校の香港脱出などの活動を続けていた。民間人については、日本軍占領下の三年八カ月間に少なくとも一七万七〇〇〇人の「不自然な早死」(unnaturally early deaths)があったという(Banham, 2019,p.50)。一九四五年八月三〇日、英海軍少将ハーコートの率いる艦隊が香港に到着し、英国旗が再び掲げられた。のちに、その日は「重光記念日」（Liberation Day＝重光紀念日）と呼ばれるようになった。

3　戦没者追悼式とアイデンティティー

（1）重光記念日

一九四五年の終戦から一九九七年の香港返還までは、戦争に関する主な記念日としては、重光記念日とリメンブランス・デー（Remembrance Day＝和平紀念日）があった。まず、重光記念日とその記念活動について紹介しよう。一九四五年八月三〇日、英艦隊が到着し、香港は再びイギリスの植民地支配下に置かれた。以降、毎年の重光記念日、すなわち八月三〇日は祝日と定められた（一九六七年の修正案によって重光記念日の祝日が毎年八月三〇日の代わりに八月最終月曜日になった。一九八三年の改正により、八月最終月曜日の前の土曜日も祝日に定められた）。ところが、一九九七年の香港返還に伴い、重光記念日の祝日は廃止された。

重光記念日には、戦後初期から軍隊の行進や追悼礼拝をはじめ、花火大会、コンサート、スポーツ大会など数々の式典や催しが行われてきたが、そのうち恒例化したものの一つが、香港捕虜協会（The Hong Kong Prisoner of War Association＝香港戰俘協會）主催の追悼式である。

捕虜協会は一九五六年に設立された。翌年からは、協会員による追悼式が香港の中心部に位置する戦没者記念碑・セノタフ（Cenotaph＝和平紀念碑）において行われるようになった。一九六三年以降、追悼式は会場をセノタフから隣接する香港シティーホール（Hong Kong City Hall）の記念花園（Memorial Garden）に移して開催され、定着化することで、重光記念日の代表的な記念活動となったのである（一九九四年、一九九五年、一九九六年の会場はセノタフだった）。

では、捕虜協会主催の追悼式が、アイデンティティー問題とどのように関連するのだろうか？この問いに答えるために、まず追悼式の会場を見てみよう。一九五二年二月、香港の議会にあたる立法評議会において、シティーホールの建設をめぐり、市政局主席ケネス・マイヤー・アーサー・バーネット（Kenneth Myer Arthur Barnett）が、「香港の精神、決断力、企業精神を体現するものでなければならない」との設計方針を強調するとともに、設計者についても「香港人でなければならない」と主張した（Hong Kong Legislative Council,1952,pp.35-36）。

一九六二年三月二日にシティーホールが落成し、同年八月三〇日には、記念花園の中の記念龕（Memorial Shrine）が正式に開扉した。開扉式では、当時の総督ロバート・ブラウン・ブラック（Robert Brown Black）が龕内に入り、八八七名の軍人・民間人の名前を記した名簿（Roll of Honour）を置いた。名簿からみると、記念花園と記念龕は、全ての戦没者や部隊を追悼するものではなく、香港出身の兵士や地元部隊を対象として建立された施設であることがわかる。開扉式において、ブラック総督は以下のように発言した。

「私たちが記念する勇敢さ、苦しみに対する不屈の精神、そして死に至るまでの忠誠心は、わずか二〇年前の出来事である。暗黒の時期を経験した人々や、死者の遺族にとっても、彼らの勇気と献身の思い出は鮮明に残っている。年月が過ぎ去っても、その記憶が薄れないことを願っている。香港防衛戦、そして敵占領中のその人々の不屈の精神と抵抗の物語は、自由を信じた人々の物語である」(*South China Morning Post*, 1962)。

同開扉式では、戦没者の遺族や傷痍軍人を支援する香港国殤記念基金委員会(Hongkong Volunteer Memorial Fund Committee)の会長であるアルベルト・マリア・ロドリゲス(Alberto Maria Rodrigues)も、戦没者を「香港に忠誠を誓った息子たち、娘たち」(同紙)と讃えた。香港の政治・経済の中心地区に位置するシティーホール、記念花園、記念龕、名簿などの「装置」および政府関係者による発言は、植民地政府は香港防衛戦や「重光」に関する記憶を重視することによって、「忠誠心」を称賛しようとしていたことがわかるのである。同時に、「装置」は香港の歴史的主体性(香港の人々、香港の部隊による香港防衛)をも表現する。こうした「忠誠心」と「歴史的主体性」は、アイデンティティーの確立には有用と考えられる。そして、毎年の追悼式はこうした「忠誠心」と「歴史的主体性」を繰り返し確認する手段となり得るのである。すなわち、効果はともかく、重光記念日の追悼式は「香港人アイデンティティー」を促す可能性を秘めていたと言えるかもしれない。

(2) リメンブランス・デー

リメンブランス・デーの一一月一一日は、もともと第一次世界大戦の休戦記念日であったが、第二次世界大戦後、イギリスはそれをリメンブランス・デーに改称し、二度にわたる大戦の戦没者追悼の日としたのである。香港もこれに従い、一一月一一日に直近の日曜日を「リメンブランス・サンデー」とし、翌日を祝日に定めたのである。

しかし、一九六七年三月にこの祝日は廃止されることとなった。それとともに、イギリス伝統を取り入れたもう一つの祝日ウィット・マンデー(Whit Monday)も廃止された。代わりに、華人社会の伝統に合わせて旧正月の三日目、清明節、端午節、および重陽節が祝日になった。このような変更からは、植民地政府が祝日における植民地色を薄めるとともに、華人社会に対して迎合的姿勢を示すようになった様子が窺える。

祝日としてのリメンブランス・デーはなくなっても、公式記念行事は続けられた。一九四五年から一九九六年にかけて、毎年リメンブランス・サンデーには、セノタフで公式追悼式が挙行された。同時に、聖ヨハネ大聖堂、および二度の世界大戦において「連合国に忠誠を尽くし亡くなった華人」を記念する華人国殤記念碑においても、それぞれ追悼式が行われていた。ただし、一九八一年から、二カ所の追悼式はセノタフの追悼式に集約されることとなった。

では、これまでに紹介してきたリメンブランス・デーの記念行事とアイデンティティー問題との間にどれほどの関連性があったのかといえば、実のところ、さほど関連していたとはいえないのである。

香港は華人社会であり、現在顕在化するアイデンティティーとは、おおむね「中国人アイデンティティー」と「香港人アイデンティティー」を意味する。両者の関係性は、「中国の香港人」や「香港の中国人」というアイデンティティーが存在するように、必ず相互排他的なものではないのである。

前述のとおり、香港防衛戦や「重光」をめぐる記憶は、「香港人アイデンティティー」を高める可能性を秘めているのに対して、リメンブランス・デーは香港独自のものではなく、例えば、英連邦の一員としての香港には中国本土とは異なる戦争体験と追悼の伝統があることを根拠に、香港の歴史的主体性を説くなど、新たな解釈を与えない限り、リメブランス・デーと「香港人アイデンティティー」に相互作用が働く可能性は低いであろう。

それでは、「中国人アイデンティティー」の場合はどうであろうか。大雑把に言えば、植民地政府が香港の華人社会に対して許容した「中国人アイデンティティー」とは、実在する中国の政権や新文化ではなく、伝統的文化や歴史など想像上の「中国」に基づくものであった。しかし、こうした「中国人アイデンティティー」はすでに香港社会に浸透しており、わざわざ英連邦共有のリメンブランス・デーを通して「中国人アイデンティティー」を高める理由などなかったのである。

植民地政府にとって、リメンブランス・デーが持つ政治的機能の一つとは、国家儀礼としての追悼式に華人指導層を招待し、自分たちが彼らを重視する姿勢を示すと同時に、彼らに対する統制がうまくいっていることを表象化することにあったと考えられる。実際、追悼式には、香港総督を始め、三軍司令、輔政司、華民政務司、そして立法評議会と市政局の華人メンバーや、慈善団体である東華三院や保良局の主席など、植民地政府側高官や華人指導層の出席が一般的であった。

(3) 返還後の戦没者追悼式

一九六七年にはリメンブランス・デーの祝日が廃止され、一九九七年の香港返還後には重光記念日の祝日も廃止された。さらに、返還後の香港特別行政区政府(以下、香港政府と略す)は、リメンブランス・デーと重光記念日の名称で公式の追悼式を行わないため、これら二つの記念日の公式的性格が失われた。それにもかかわらず、今でも、退役軍人の組織は、八月と一一月に追悼式を催し、香港政府も代表者を派遣することになっている。しかし、返還後の両式典には著しい変化が見られた。例えば、退役軍人の組織が主催するリメンブランス・サンデーの式典では、英軍による整列や行進は行われず、また演奏される国歌も『女王陛下万歳』から『義勇軍行進曲』に変更された。また、香港政府は、毎年一〇月中旬(中秋節の頃)に「香港防衛のために亡くなった人々」のための追悼式(「為保衛香港而捐軀人士」紀念儀式)を挙行している。これは、香港政府が香港防衛による犠牲者を忘れないとの意思表示とともに、退役軍人に対する慰労のための行事だと考えられるが、八月という時期や「重光」という用語は避けられていた。

香港政府は返還直後、中国共産党指揮下のゲリラ部隊の名簿（一一五人）と記念額を記念花園にある記念龕に収めた。返還前には、記念龕に収められた八八七人の犠牲者の名前は、主に正規軍、警察、救急隊など、香港防衛戦に参加した人々が含まれていた。だが、このゲリラ部隊は、日本軍占領下の香港において活動はしたものの、香港防衛戦には参加していない。そうした事実にもかかわらず香港政府がとった行動には、戦時中の記憶から植民地時代の色合いを薄め、逆に共産党指揮下のゲリラ部隊の役割を強調したいとの思惑があるようにも見える。冷戦期においては、植民地政府が中国共産党の指揮下にあったゲリラ部隊の貢献を強調したがらず、犠牲となった隊員の名前を記念龕に納めなかった可能性がある。しかしながら、返還後に香港政府が追加した名簿と記念額の大きさと配置を見ると、一つのゲリラ部隊が正規軍の各部隊、警察、救急隊などと同じように扱われているように見える。

さらに、香港政府の思惑は、ただ単にゲリラ部隊の貢献を再確認するに留まるものではなかったようである。二〇一四年二月、中国の全国人民代表大会（全人代）常務委員会は、九月三日を「中国人民抗日戦争勝利記念日」に指定し、毎年記念行事を行うことにした。同年八月、香港政府は、この年から毎年九月三日に記念行事を開催すると発表した。この決定を見ると、香港返還前後の公的戦没者追悼式の主眼が、植民地支配者やその軍隊の役割に偏重した記憶から、中国の苦難、団結、勝利を強調する「中国人民抗日戦争勝利」という記憶に移行していると言える。この転換に伴い、公式の記憶における香港ローカルな要素も変化した。かつては、英軍に所属する香港出身の兵士や地元の部隊の貢献が強調されたが、現在は中国共産党の指揮下で香港で活躍したゲリラ部隊の貢献を中心に据えるように変化している。

それでは、この新たな追悼式はアイデンティティー問題とどう絡み合うのだろうか？　端的にいえば、追悼式を通して、香港市民が中国本土の人々と、過去に中国が経験した苦難、団結、勝利の記憶を共有し、それにより自分たちの「中国人アイデンティティー」を再確認することが期待されるのである。具体的に、追悼式の何がそうした記憶の共有を可能にするのか、次節において例を挙げて紹介していきたい。

4　戦没者追悼式における「日本」

本節が注目するのは「日本」である。香港の戦没者追悼式において、人々がどのように「日本」を記憶し、あるいは忘却しているのか、そして、それが香港のアイデンティティー問題にどのようにかかわってくるのだろうか。

まず、上述した植民地時代の捕虜協会主催による重光記念日の追悼式、および植民地政府主催のリメンブランス・デーの追悼式において、民間人や捕虜を虐待・殺害した「日本」に言及することはまれである。その理由の一つは、それらの追悼式が旧敵国ではなく戦没者に焦点を当てるという、イギリスの戦没者追悼式の慣習を踏襲するものであったからである。重光記念日の追悼式では、行進式、献花、ラッパの演奏、敬礼、黙祷などが行われる。リメンブランス・デーの戦没者追悼式では、上記の他に、国歌と聖歌の斉唱や、キリスト教式の祈り、祝福が加わる。それらは、イギリスの公式戦没者追悼式を踏襲し、ほぼ決まった形式で執り行われた。

また、植民地支配者や退役軍人が、香港住民の日本への恨みを認識しているはずである。日本軍による侵略と残虐行為に直面して、多くの華人が強烈なナショナル・アイデンティティーを共有していたからである。戦後、「九一八事変」（満州事変）、「七七事変」（盧溝橋事件）、「南京大屠殺」（南京事件）、「三年零八個月」（日本軍による三年八カ月間の香港占領時期）などの記憶が多くの香港住民に共有・継承されている。したがって、中国に対するナショナル・アイデンティティーの高揚化を忌避する植民地支配者側が、戦没者追悼式で「日本」を非難し、住民の「中国人アイデンティティー」をかき立てるリスクを負う理由はない。

他方で、香港政府主催による「中国人民抗日戦争勝利記念日式典」（中國人民抗日戰爭勝利紀念日儀式）では、「日本」が非難されている。以下は二〇一八年九月三日の式典における司会者発言の一コマである。

「本日は中国人民抗日戦争勝利記念日であります。一九三七年の七七盧溝橋事変の後、日本は直ちに中国に対して全面侵略を展開しました。香港市民を含む中国各地の人民は、侵略者日本に対して八年に及ぶ長く厳しい抗戦を行いました。一九四五年九月二日、日本は降伏し、中国の抗日戦争はついに勝利しました。今日我々が厳かに抗日戦争の勝利を記念する目的は、歴史を忘れず、烈士を追憶し、平和を愛し、未来を創造するためであります」（現地調査で得た資料より、二〇一八年九月三日）。

この公的発言は、香港防衛戦や「重光」など植民地時代に強調された戦時体験には触れぬ反面、日本の侵略や「侵略者日本」には言及している。確かに、日本は中国を侵略し、多くの人々が苦しみ犠牲となったが、だからといってなぜ香港政府は、香港防衛戦や「重光」の記憶を希薄化する一方で、日本の侵略と「中国人民抗日戦争勝利」を強調するのか。香港というイギリス植民地はもちろんのこと、広州、上海、北京などの各都市にもそれぞれの経験があるように、チベット人たちの体験もまた、単純に「中国各地の人民」や「八年に及ぶ長く厳しい抗戦」という言葉に収斂できようはずもないのである。

政府が多様な記憶よりも「共通」の記憶を構築し強調する理由の一つは、ナショナル・アイデンティティーにあるのではないか。政府は、中国人民抗日戦争勝利記念日の式典を通じて、香港と中国の一体感をアピールし、香港市民の「中国人アイデンティティー」を強化しようとする意図があると考えられる。それゆえに、発言中の「日本」は、「中国各地の人民」がいかに必死に、いかに団結して、最後の勝利を収めたのかというナショナル・ヒストリーを際立たせるための「重要な他者」なのである。このような構図による公的発言のなかで「日本」が定型化されるように、政府によって強調されたもの以外の記憶が忘却されてしまうのである。

おわりに

本章では、香港における三つの戦没者追悼式を事例として、戦争の記憶、アイデンティティー、「日本」という三者の関係について考察を試みてきたが、最後にここで要点をまとめたい。

植民地時代には、効果はともかく、重光記念日の追悼式は「香港人アイデンティティー」を醸成する可能性を秘めていたが、同時代のリメンブランス・デーの式典では、「香港人アイデンティティー」や「中国人アイデンティティー」との相互作用を確認することはできなかった。両式典ともにイギリスの公式戦没者追悼式を踏襲したため、旧敵国の日本に言及されることは、ほぼなかった。よって、式典での日本との戦争の記憶による「中国人アイデンティティー」高揚リスクを免れた。ところが、返還後、「中国人アイデンティティー」を高める可能性を秘めた「中国人民抗日戦争勝利記念日式典」では、「侵略者日本」が前景化された。

実は、そうした三者の関係性は、近年の香港の社会運動においてもみとめることができるのである。二〇一九年、犯罪容疑者の中国本土への引き渡しを可能にする「逃亡犯条例」改正案をめぐり、市民のなかから反対の声が上がり、一連の抗議デモが発生した。そうした最中の八月三〇日、セノタフにおいて戦没者追悼式が行われ、約三〇〇人の市民が香港防衛戦で亡くなったイギリスやカナダの兵士に対して追悼の意を表した。続く翌日、中国共産党政権に対して批判的姿勢をとっていた『リンゴ日報（蘋果日報）』に、参列者の一人のコメントが掲載された。

「ここにきた理由は、民主主義諸国を含む自由世界が再び香港に関心を示し、香港が独裁的政府から脱却するのを助けてもらいたいからです。」

同紙は続けて、その参列者が「友人と共にセノタフに参列し、七四年前に香港を守って死傷した多国籍の兵士たちを追悼すると同時に、香港防衛戦の兵士のように、香港のために多くの犠牲を払った抵抗運動の勇者たちに感謝の意を表した」と論じた。

多くのアジア地域、香港を含めて、戦時中の「日本」は依然として、各共同体の求めるナショナル・アイデンティティーに合わせて、時には想起され、時には忘れ去られることがある。こうした「日本」がなぜ、どのようにして記憶されたり、忘れられたりするのかを理解することで、日本を含むアジア社会への認識が深まることだろう。

【参考文献】
首相官邸ホームページ（二〇二二年八月一五日）「令和4年度全国戦没者追悼式総理大臣式辞」https://

www.kantei.go.jp/jp/101_kishida/statement/2022/0815sikiji.html　二〇二四年一月九日最終閲覧。

Banham, Tony.(2019) "Hong Kong' s Civilian Fatalities of the Second World War" *Journal of the Royal Asiatic Society Hong Kong Branch.* Vol. 59. Hong Kong: Royal Asiatic Society Hong Kong Branch. p.50.

GOV. UK.(November 13, 2022)"National Service of Remembrance, Sunday 13 November 2022" https://www.gov.uk/guidance/national-service-of-remembrance-sunday-13-november accessed January 9, 2024.

Hong Kong Legislative Council.(February 20, 1952). *Official Record of Proceedings.* pp.35-36.

South China Morning Post. (August 31,1962)

（銭　俊華）

第6章　タイにおける深刻な分極化
―不安定性、暴力、民主主義の後退―

1　タイにおける分極化の力学―分断された政体とゼロサム政治

タイにおける政治的分極化は昔からある現象ではなく、最近のものである。二〇〇五年にタクシン・シナワット（Thaksin Shinawatra）政権に対する抗議として出現し、次第に黄シャツとして知られる大衆運動に変化した。二〇〇六年に王党派・軍・官僚エリートによる連合が、軍事クーデターを画策することによってタクシン政権の転覆を決断したとき、分極化はさらに深まった。このクーデターは赤シャツとして知られる親タクシン派による大衆運動の形成をもたらした。この二つの大衆運動、および国家治安部隊とデモ隊の衝突は、多数の犠牲者と負傷者、政治的な不安定性、そして民主主義の破綻をもたらした。分極化が深まるにつれ、人々はどちらの側につくかの選択を余儀なくされ、政治的争いはゼロサム・ゲームと化した。

タイにおける政治の分極化は、単に「エリート主導」の対立として理解することはできない。タイで進行中の分極化を、タクシンの政治的ネットワークと、彼らとライバル関係にある王党派・軍・官僚エリート連合の権力闘争として理解することは誤ってはいないものの、対立の力学を完全に説明することはできない。社会経済的、そしてイデオロギー的要因により、グループ内外の分裂を生み、異なる社会経済的背景を持つ人々を二つの競争的な政治陣営に集約させている。

タイにおける分極化した対立を理解するには、エリート層と大衆層の対立を理解することが重要である。個人的、制度的、構造的、そしてイデオロギー的要因によって形成される二つの層の相互作用は、二〇〇〇年代半ばから現在に至るまでみられる深い分極化につながっている。

2　分極化の力学──「ポピュリスト」政党の台頭、覚醒する大衆、反発

長期にわたるこの国の政治的危機の背景には、地方における一九八〇年代以降の重大な社会経済的変化がある（Andrew Walker, 2012）。だが、タクシンと彼の政党の台頭がなければ、深い分極化につながるような社会変革は起こらなかったであろう。したがって、二〇〇一年にタクシンの政党が選挙で地滑り的勝利を収め、タクシンが首相として台頭した時期に注目する必要がある。

タクシンのような新しい政治家と彼が所属する支配的なタイ愛国党の台頭は、金融危機と一九九七年に新しく制定された憲法の産物であった。この状況は、全国のタクシンのような資本主義者と彼らの仲間に政党を結成させ、国家権力を掌握する強い動機と機会を与えた。

一九九七年憲法は、一九八〇年代以降の議会制民主主義における永続的な問題、すなわち分断された政党制度、弱い連立政権、不安定な民主主義を解決することを目的とした。タイの政治を改革するために、憲法はいくつかの新しい組織と規則を取り入れた。例えば、タイ史上初めて投票が義務付けられ、それまで頻繁にあった政治家の政党変更も制限された。選挙制度の抜本的な改革も実施された。

通信業界の実力者から政治家に転身したタクシンは、一九九八年にタイ愛国党を設立した。彼は、ポスト改革期における最初の首相になることを目指していた。一九九七年の金融危機は、この傑出した資本家に国家権力を掌握しようとさせる強い動機を生み出した。タクシンは主要な資本家グループを率いて権力を分散する従来の方法ではなく、独占的な支配を目指した。

タイ愛国党は二〇〇一年以降、すべての選挙で大成功し地滑り的勝利を収めた。タクシンの政治的支配に寄与した最も重要な三つの要因は、タクシンの人柄、ポピュリスト的な政策、的確な選挙運動であった。一般の有権者にとって、タクシンはそれまでの官僚主義的な指導者や老政治家にはみられない強力かつ決断力のあるリーダーシップを示した。有権者の過半数を占める都市部と農村部の下層階級および下位中間層の不満に対する対応は、彼に忠実な政治的基盤を与え、選挙での勝利を保証した。タイ愛国党の政策パッケージには、国民皆保険制度、農村部への支援金、貧しい農民のための債務猶予、農村部の子供たちへの奨学金、安価な住宅などが含まれており、貧困層にかなり人気があり賞賛された。同時にタイ愛国党は、党のイメージを強化するために政治的マーケティングとマスメディアを使用することに精通していた（Prajak Kongkirati、2014）。

タクシンとタイ愛国党は選挙戦で無敵の勢力となった。二〇〇五年の選挙では、タイ愛国党が五〇〇議席中、三七七議席を獲得して圧倒的多数を勝ち取った。最大野党で、タイで最も古い政党の一つである民主党は、わずか九六議席で二位となった。このように、タイ愛国党はタイ史上初の単独政権を樹立した政党となり、タクシンは四年の任期を全うした最初の選出首相となった。タクシンは内閣と議会を独占し、彼の支配的な権力と人気により、彼は古いエリート集団の真の脅威となった。二〇〇五年の選挙での地滑り的勝利とタクシンの単独政権は、反対派の間に恐怖感を生み出した。二〇〇一年以降、タクシンとタイ愛国党は、彼に批判的な者とライバル政党の権力基盤を弱体化させるためにさまざまな戦術を採用した。しかし王党派の政治的ネットワークと軍を転覆させることまではできなかった。彼らは、タイ政治における伝統的な権力基盤を構成する最も手強い連合である。その連合は一九五〇年代以降、タイ政治を支配してきた古いエリートを代表しており、冷戦期におけるアメリカの支援により、彼らの権力は最高潮となった。この保守的エリートは、慈悲深い国王とナショナリスティックな軍隊によって導かれたタイ式民主主義の支配的な言説を通じて、正統な権力の基盤を強化した。タクシンが台頭する前は、政党が脆弱で大衆からの支持も欠落しており、選出された政府が弱く不安定だったため、連合の政治的支配は保証されていた。しかしタイ愛国党の絶大な人気と選挙での成功により、タクシンは主要な資本家や政治家に囲まれた新しいエリート集団の中心的存在となった。タクシンの権力基盤は、王党派・軍・官僚連合の覇権に挑戦した（Duncan McCargo 2005）。権力、特権、王制の主権を維持したい連合は、彼らの伝統的な権威に反するため、政治における民主主義の基本的なゲームのルールを受け入れていない。この保守勢力は、国家機関の重要な部分、とりわけ軍、裁判所、および官僚機構の一部を支配しており、その結果、選挙で選出された政府を不安定化させる能力を持っている。

二〇〇五年選挙の直後、タクシンに反対する人々は、ビジネス上のライバル、個人的な敵、NGO活動家、学者と専門家、官僚、そして都市部の中間層から構成され、政権に反抗して力を結集させた。二〇〇六年初頭までに、タクシンの権威は、如何わしい商取引によって侵食され、反政府運動は決定的な勢いを得ることとなった。

二〇〇六年九月一九日、軍の指導者グループがクーデターを決行した。王党派・軍連合は、タクシンと彼の政治組織を選挙で打ち負かすことができなかったがゆえに、彼らはタクシンを排除するためにクーデターを起こした。このクーデターは、国をさらに分極化し、政治的分断を悪化させ、政治参加を過激化させた。政府は頻繁に交代し、すべての首相は激しい抗議運動に直面した。タクシン派と反タクシン派の間の深い分極化と敵意は、タイ社会に暴力と民主主義の破壊の継続的なサイクルをもたらした。タクシンは国外追放を余儀なくされるものの、彼を支持する政党は疎外された有権者の間で高い人気を保っている（Prajak Kongkirati, 2016）。

二〇一四年初頭、都市中間層の抗議者と南部の民主党の忠実な支持者は、人民民主改革委員会（PDRC）の旗の下で結集し、選出されたタクシンの妹であるインラック・シナワットの政権に抗議した。PDRCは暴力的な戦術により政権を麻痺させた。PDRCによる暴力的な抗議活動は、最終的に軍の政治介入をもたらした。二〇一四年五月二二日、陸軍長官のプラユット・ジャンオーチャー将軍はクーデターを起こし、政府を転覆させ、国を王党派・軍・エリートの支配下に戻した。そしてプラユットのリーダーシップの下で、官僚支配と「タイ型民主主義」による古い政治モデルを復活させた。そこでは国王の保護下で官僚と軍が政治を支配する。軍が支配する政府は、政党と市民社会組織を弱体化させた。抑圧的な軍統治下では、市民の自由が制限され、政治活動が禁止される。クーデターがイデオロギー闘争の終結に成功することなく、単に抑圧しただけであったため、タイ社会は分極化したままである。

3　エリート内の権力闘争と大衆を基盤とする政治対立の関連性

タクシンと彼のライバル・エリート層は、分極化した対立の原動力であるが、彼らは対立の方向性を決定づけなかった。タイの分極化がエリート間対立の問題であるならば、一〇年以上も続くはずがない。タクシンの政策と行動は、彼が権力を握るはるか前から社会にすでに存在していた、主要な社会的分断（地域の分断、都市部と農村部の分断、階級間の分断）を活性化させる効果をもたらした。農村部への支援金や国民皆保険制度など、タクシンの政策は農村部の人々に活力を与えたが、都市部の中間層と上流階級には脅威となった。憲法に反する手段でタクシンを排除するという王党派・軍連合の決定は、タクシンを支持する下位中間層を不満にさせ、対立を悪化させた。選挙制民主主義を擁護するタクシンと彼の支持者の過激化によって、体制派の中間層連合の恐怖感を深め、より攻撃的な手段による反撃を受けることとなった。

4 エリートの闘争と個人レベルの要因

前述したように、タクシンは選挙政治における権力の独占を目指してきた。タクシンの選挙活動は、主に商業部門を救済するためのナショナリスト政策と貧困層を助けるためのポピュリスト政策に集中してきた。タクシンの政党とそのポピュリスト的な政策は、地方の有権者の社会的不満と政治的野心に応えるために国の資源を結集させた。選挙政治の観点から言えば、農村部の有権者は票の三分の二を占めるため、非常に重要である。

だがタクシンは決して元から左派ポピュリストではない。彼のポピュリズムは時間の経過とともに進化していった。当初、タクシンとタイ愛国党はポピュリスト政党としての地位を確立していなかった。彼の政策は批評家によって「ポピュリスト」というレッテルを貼られたが（玉田芳文、二〇〇九年）、もともとタクシンの政策は、多数派からの票を獲得することのみを目的としていた。タクシンが体制派によって攻撃されたときだけ、彼はポピュリストのレトリックを採用し、大衆を動員し始め、体制派のエリートに果敢に挑戦した。赤シャツ運動は、タクシンが軍によって追放された二〇〇六年のクーデターの後になって初めて出現した。

なぜ伝統的なエリート層はタクシンに脅威を感じたのか。それは、タクシンの絶大な人気と彼の支配政党が、王制の権力、利益、威信に異議を唱えたからであった。それは国王こそが政治的忠誠心の唯一の核であるという主張に対してのみならず（Pasuk Phongpaichit and Chris Baker 2009, p.89）、政治的最高権威、指導者、そしてタイ政治の最終的調停者としての国王の役割に異議を唱えたことを意味したのであった。さらに王位継承の危機が迫っていたため、タクシンが継承時に王位擁立者となり、王制に対する強い影響力を行使する可能性があることを恐れたのであった（Thongchai Winichakul 2016）。

タクシンの非リベラルな傾向は、民主主義の支持基盤として期待された複数のメディア、NGO活動家、学者を遠ざけ、王党派・軍・エリートとの同盟を結ばせた。これら市民社会のアクターは、タクシンの強力な支配に怯えていた。彼らは、抑制と均衡のメカニズムを弱体化させようとするタクシンの試みを認めなかった。貧困層はタクシンを賞賛するが、彼に批判的な者は彼がますます独裁的になったと認識している。最終的に、彼らはタクシンを打倒する反タクシンのエリートを支援することを選んだ。不幸にも、二〇〇六年と二〇一四年に、王党派・軍・エリート連合は、タクシンの非リベラルな民主主義を軍権威主義に取って代えタイにおける民主主義の危機を深めている。

5　不平等、政治的権利剥奪、対立するイデオロギー

タイの政治的分極化は、深い構造的要因に由来している。社会的かつ経済的な不平等と政治的権利剥奪が重要な構造的要因として構成される。これらの不平等と権利剥奪の問題は、階級、イデオロギー、農村部と都市部の分断、および地域のアイデンティティなどを根底とする社会的分断と関連している。

タイの分極化は、エリートだけでなく、多くの一般の人々にまで至っている。黄シャツ運動も赤シャツ運動も、最盛期には二〇万から三〇万人の支持者を動員し、路上で抗議活動をした。さらに数百万の人々が、両陣営が所有するメディアチャネルを通じて抗議運動を支持した。

黄シャツ陣営と赤シャツ陣営の分裂は、社会経済的およびイデオロギー的要因によって説明できる。社会経済的要因は運動の社会的起源を説明し、イデオロギー的要因は運動参加者のコミットメントと熱意を説明するのに役立つ。タクシン派と反タクシン派の間の分極化は、地域、

都市部と農村部、および階級の分断に基づいている。二〇〇一年から二〇一四年までの選挙の投票パターンをみると、タクシンが北部と北東部で圧倒的な票を獲得する一方で、南部とバンコクの都市部では民主党が優勢であるという明確なパターンがある。投票行動の安定したパターンを通じて示される政治的分断は、タイの社会的分断の結果であり、兆候でもある。東南アジアの近隣諸国と比較して、タイの所得分配はより不平等である。二〇一二年までに、人口の上位二〇%と下位二〇%の間の所得格差は約一三倍もあり、日本とスカンジナビアでは四倍、北米とヨーロッパでは六倍から八倍となっている（Pasuk Phongpaichit and Chris Baker, 2012, pp. 218-19）。

タクシンへの支持は、所得が相対的に低く、貧困が顕著な北部および北東部地域で強い。所得が最も低い人々の八〇%以上が、北部と北東部（および深い南部）の農村地域に集中している。データはまた、民主党に投票した州の一人当たりの年間総生産額が平均して二二万一一三〇バーツであることを示している。これは、タクシンが支援する政党に投票した州の九万二六六七バーツとは対照的である（Kevin Hewison 2012, p. 156）。さらに全国調査では、赤シャツ運動に参加した人々は、黄シャツ運動を支持した人々よりも収入と教育水準が低く、仕事と生活の安定度も低いことが明らかとなった（Apicart Sathitniramai et al. 2013）。

一九九七年以前は、ほとんど全ての政党が有権者に具体的な政策を提示していなかった。これは、政党が明確な政策基盤を持たない政治家の小さなネットワークを中心に設立されていたことに由来する。連立が弱いため、選出された政府は政策を実施し、有権者に応えるために十分な期間、存続することができなかった。タクシン党の一連のポピュリスト政策と強力な政府がタイの政治を変え、疎外された有権者から見て、民主主義を「食べていけるもの」(赤シャツ用語)にした。これらの有権者は、タクシンの下で活力を与えられたと感じ、人生のより良い可能性を切望するようになった。タクシンが非合法に追放されたとき、彼らは自分たちの指導者が不当に打倒されただけでなく、自分たちの人生の進歩が停滞し、体制派や都市エリートによって妨げられたと感じた。

政治的分断の反対側では、都市部の中産階級がタクシンの「ポピュリスト」のレトリックと慣行は無責任であると認識し、タクシンに反対した。農村部と大衆に特化したタクシンのポピュリストの政治基盤を考えると、都市部の中間層は、(所得税を通じて)自分たちよりも下層階級に利益をもたらすポピュリスト政策の費用を負担していると感じた。彼らは、自分たちの生活水準や地位が向上しなくなったり、悪化したりするのではないかと恐れた。通常タイでは、都市部中間層の市民は公共空間を通じて世論や社会的アジェンダを形成する上では影響力を持っているが、選挙政治に関して言えば、少数派になり、農村部の人々により数的に圧倒され、無力感を味わう状況になっていた。タクシンが地方の有権者からの選挙支持を、これまでにない方法で強く固めたとき、中間層は最終的にタクシンだけでなく、選挙民主主義そのものに反対するようになった。二〇一四年には、ＰＤＲＣが率いる中間層の抗議行動は、投票プロセスを混乱させ、「一人一票」の民主主義の原則が、有権者の過半数がまだ貧しく教育を受けていないタイには適していないと公言した（Prajak Kongkirati, 2016）。

タイでの政治的対立は、我々／彼らの闘争として枠づけられる。黄シャツと伝統的エリートは、既存の文化的伝統的価値観に基づいた王党派ナショナリズムと階層的社会秩序を備えた「タイ型民主主義」（すなわち、専制的な父権主義またはエリート民主主義）を回復し、維持したいと考える。それに対し赤シャツは、大衆ナショナリズムと政治的平等の基本原則に基づく平等主義の社会秩序を備えた、選挙で選ばれた強力な政府による「ポピュリスト民主主義」を支持している。

6　不自由で不公平な二〇一九年選挙――軍政と非民主的な憲法下での争い

二〇一九年三月二四日、タイでは八年ぶりに国政選挙が実施された。それは二〇一四年の軍事クーデターから五年後に行われた選挙であり、一九七〇年代以来、最長の軍政が敷かれたことになる。選挙は、政治的分極化が続いている中で実施された。タイの王党派、官僚、軍のエリート層は明らかに、半権威主義体制の確立を通じて権力を強化しようとした。そのような体制での正式な選挙プロセスは、国内の政治的圧力を和らげ、軍による直接統治モデルの下でも得ることが可能だった国際的な正統性を、さらに獲得する手段となる。

7　分極化された投票行動と若者の覚醒

選挙で争った政党は、大まかに三つの陣営に分けることができる。それは国民国家の力党が率いる親体制派、タイ貢献党と新未来党が率いる反体制派、そして民主党が率いる日和見派である。新たに台頭した政党は、若い有権者の間で絶大な人気を博し、若いカリスマ的実業家タナトーン・ジュンルンアンキット率いる新未来党であった。

選挙結果は、明確な過半数を獲得した政治陣営がいないことを示した。タイ貢献党や民主党などの旧政党は支持を維持するのに苦労したが、国民国家の力党や新未来党などの新政党は予想以上の成績を収めた。また選挙結果は、タイの選挙がもはやタクシンの党と民主党との間の二党間競争ではないことを示すものでもあった。この選挙は、五つの政党（タイ貢献党、国民国家の力党、新未来党、民主党、タイ誇り党）がかなりの議員数を獲得し、競合していた。タイ貢献党は依然として最大の政党だが、彼らは北部と北東部で強力な支持基盤を維持することに成功したものの、独占的な地位は失った。

軍事政権が支援する国民国家の力党と活気に満ちた新未来党が、新たな重要な政党として頭角を現した。国民国家の力党は、地方レベルの政治ボスに依存する選挙運動員のネットワークを動員した。彼らは最大の得票政党であり、二番目に多くの議席を獲得した。彼らのパフォーマンスは、地元の影響力のあるネットワーク、後援システム、国家干渉がタイの選挙で依然として重要な役割を果たしていることを示している。しかしながら、国民国家の力党はいくつかの政治派閥で構成されているため、共通のビジョンや政策基盤はなかった。すべての派閥を結びつける唯一の要因は、プラユットが権力の座に戻るのを支援することであった。歴史的に、軍事政権が支持する政党は短命に終わる傾向があり、希望する内閣の役職と政府の予算配分をめぐって内部対立に陥る危険がある。

国民国家の力党と新未来党の比較的良いパフォーマンスは、タイの分極の深化を示している。新たに結成されたこれら二つの政党の選挙活動は、主にそれぞれ政権支持派と反政権派の政治基盤に集中していた。軍の権威主義の下で数年を過ごした後、プラユットは論争的な人物となり、彼の軍事政権は所得格差の拡大、汚職スキャンダル、および人権侵害に関与していた。国民国家の力党は、軍事政権によって提供される安定と現状を享受したい保守派および年配の有権者からの支持を得たが、新未来党は、構造変化を望む、若く都会的で起業家精神のある有権者から票を集めた。新未来党の指導者たちは、有権者に対し、軍事改革、大企業の独占撤廃、徹底的な分散化を推進することを公約とした。選挙結果は、新未来党が裕福で都市化された地域で良い結果を出したことを示している。党は、ソーシャル・メディアの活発な利用者であり、初めて有権者になった若い層から圧倒的な支持を得た。選挙活動中の投票行動と政治的議論は、タイで新しい社会的分断が生じていることを示していた。それは若者と高齢者の間の世代間格差である。この世代間の分断は、タイ政治において重要な要素として今後も残る傾向にある。

8　新しい政治情勢と岐路――民主主義の再生か終焉か

二〇一九年選挙後のタイ政治は、依然として不確実で不安定なままである。この年の選挙は、タイにとってもう一つの転換点を意味する。二〇一九年の選挙は、未だに安定しない政治秩序の条件を整えるための新たな対立の始まりに過ぎなかった。この選挙は安定した民主主義体制への復帰をもたらさなかったが、体制派と軍事政権は強固な選挙権威主義体制の確立にも成功しなかった。

選挙後、国民国家の力党は勝利した政党ではなかったものの、軍事政権が任命した上院の支援を受けて二〇の中小政党からなる連立政権を樹立し、プラユットを権力の座に戻した。連立政権は、人々の要求とコロナウイルスの発生によって混乱した世界に対応するための政策の策定と実施に苦労している。パンデミックによって引き起こされた経済的困窮と危機は、政府にとって最も困難な課題となる。高い失業率と企業の倒産は、政府に対する国民の不満につながり、政府の権威と人気は急落した。

二〇二〇年二月、憲法裁判所がＦＦＰを解散し、その幹部を一〇年間政界から追放するという判決を下したことで、全国規模の学生による抗議活動が起こった。新未来党の支持者と学生は、この裁判所の判決を、野党勢力を排除し非民主的な政権を強化するための意図的な試みであると認識した。一九七〇年代以来最大の運動である学生の抗議活動の動員は、急速に勢いを増し、一夜にして国民の支持を集めた。彼らのプラユット政権に対する政治的要求は、議会の解散、政治的・市民的自由の尊重、憲法の改正であった。さらに重要なことに、学生の抗議活動はプラユットと軍を超えて王制をも批判した。

王制に対する彼らの批判は、クーデターと軍事政権における王制の役割から、人権の侵害、警察と軍事の問題に対する干渉、現国王の莫大な富、王制財産局の民営化、国王個人の行動にまで及ぶなど、重要な問題を含んでいる。彼らは、王制の役割をめぐる公開議論をこれまで禁止してきたタイ政治の神聖なタブーを破った。以前の急進的な政治団体や運動は、王制に対する批判を表明するために、ゴシップ、シンボル、秘密の情報伝達を利用してきた。二〇二〇年から二〇二一年の抗議活動で、若い活動家たちは公共での言説を変化させ、新たな民主的言論空間を切り拓いた。彼らの最終的な目標は君主制の改革である。若い抗議者によると、王党派・軍の連合とその政治的介入がタイの民主的後退の根本的な原因であった。王党派・軍・エリートは、抗議者を暴力的に抑圧し、活動家とその家族を脅迫し、リーダーを逮捕して投獄することにより、改革要求を棄却した。これらの厳しい戦術は、若者の急進的な運動を一時的に弱体化させた。

おわりに

二〇一九年の選挙以降、タイは再び重要な岐路に立たされている。基本的に、この国は脆弱な移行状態に置かれている。基本的な政治ゲームのルールに関するコンセンサスの欠如は、国を非常に混乱させ不安定なものにしている。二〇〇六年のクーデター以降、この国は深刻な政治対立によって引き裂かれており、対立する全ての集団にとって受け入れられるような政治秩序が確立するには、ほど遠い状態である。

プラユット率いる軍閥は、新しい治世において権力と利益の分配を独占する権力の中心になることを目指していた。二〇一九年、プラユットは自らを軍政権の指導者から選挙で選ばれた首相へ転身させることに成功した。しかし不正選挙、市民的自由と人権の侵害、国家とメディアの濫用は、政権が民主的であるというレッテルを貼ることができないほど蔓延している。

既存の政治体制下では、安定した強固な民主主義への移行の可能性はかなり薄い。プラユット政権の崩壊も複数政党による選挙の実施も、必ずしも民主化につながるわけではない。タイにおける慢性的な不安定性と民主主義の退行の構造的で根本的な原因を解決する必要がある。所得格差の拡大は、政治的分極化を条件付ける根本的な要因である。その結果、深刻な政治的分断が社会を不安定化させ、民主主義を頓挫させた。過去二〇年間、タイが内乱、法の支配の弱体化、権威主義的な支配の台頭を目の当たりにしてきたのは偶然ではない。ベネズエラ、フィリピン、ブラジル、ハンガリー、ポーランド、トルコ、米国など、深刻な分断に直面する国々も同様に、民主主義の後退と崩壊、あるいはいずれかを経験している。分極化は政府を機能不全にし、市民の民主主義に対する不満と不信を引き起こす。また反体制的な社会運動の出現と独裁者の懇願への道を開くこととなる。さらに法の支配と民主主義の劣化を自発的に受け入れるエリートと大衆の両方を生み出すこととなる。タイでは政治的分極化がさまざまな同様の弊害を生み出している。

伝統的なエリート層が、王党派ナショナリストのイデオロギーと階層的社会秩序を備えた「タイ式民主主義」を維持したいと望んでいる限り、政治的不安定と民主主義の崩壊の危険性は続く。王党派・軍連合は、政治的平等という基本的な民主主義の原則を受け入れていない。タイで、安定した十分に機能する民主主義を構築するためには、王党派・軍の政治への干渉問題に対処し、解決する必要がある。

タイは、分極化する政治対立を解決し、安定した民主主義を再構築するための改善策を必要としている。タイでは政治的、社会的分極化が深く根付いているため、これは非常に困難である。二〇一四年のクーデターは危機を深め、和解の機会を減らした。とはいえ、国が再び暴力的な対立を避けるために実行できる措置はある。その最初のステップは、すべての側が受け入れられる政治ゲームのルールに関する新しいコンセンサスを構築することである。

【引用・参考文献】

Apichart Sathitniramai et al.(2013). Landscape and Politics of Contemporary Rural Development. Chiang Mai: Public Policy Studies Institute.

Hewison, Kevin.(2012). "Class, Inequality, and Politics," in Michael Montesano, Pavin Chachavalponqpun, and Aekapol Chongvilaivan (eds.), Bangkok, May 2010: Perspectives on a Divided Thailand, Singapore: Institute of Southeast Asian Studies.

McCargo, Duncan.(2005). "Network monarchy and legitimacy crises in Thailand," The Pacific Review 18(4): 499-519.

Pasuk Phongpaichit and Chris Baker.(2009). "Thaksin' s Populism," in Kosuke Mizuno and Pasuk Phongpaichit (eds.), Populism in Asia, Singapore: NUS Press.

-----. (2012). "Thailand in Trouble: Revolt of the Downtrodden or Conflict among Elites?" in Michael Montesano, Pavin Chachavalponqpun, and Aekapol Chongvilaivan(eds.),Bangkok, May 2010: Perspectives on a Divided Thailand, Singapore: Institute of Southeast Asian Studies.

Prajak Kongkirati.(2014). "The Rise and Fall of Electoral Violence in Thailand: Changing Rules, Structures and Power Landscapes, 1997–2011," Contemporary Southeast Asia 36 (3): 386-416.

-----. (2016). "Thailand' s Failed 2014 Election: The Anti-election Movement, Violence and Democratic Breakdown," Journal of Contemporary Asia 46 (3): 467-485.

Thongchai Winichakul.(2016)."Thailand's Hyper-royalism: Its Past Success and Present Predicament," Trends in Southeast Asia No.7. Singapore: Institute of Southeast Asian Studies.

Walker, Andrew.(2012). Thailand's Political Peasants: Power in the Modern Rural Economy. Wisconsin: University of Wisconsin Press.

Yoshifumi, Tamada. (2009). "Democracy and Populism in Thailand," in Kosuke Mizuno and Pasuk Phongpaichit (eds.), Populism in Asia, Singapore: NUS Press.

（プラジャック・コンキラティ／訳・竹本周平）

第7章　日本の低出生率

はじめに

日本は、低出生率、労働力の急激な減少、高齢者の急増に直面し、いわば世界で最初の超高齢国家となった。図7－1Aが示すように、日本の労働力は一九九〇年代初頭に減少し始めている。若年人口は一九八〇年代初めには下がり始め、高齢人口は増加している。つまり、現在の日本の人口構造は、通常のピラミッド型ではなく、逆ピラミッド構造であり、その結果、日本の人口構造と経済の持続可能性が危機に直面しているといえる。その結果、日本経済の成長は終焉を迎えるかもしれないのだ。

本章の主要な目的は、日本の人口動態変化と婚姻の要因が、二〇〇五年から二〇一九年にかけて、出生率に与えた影響を、ベイズ・パネルデータ・モデル（Bayesian panel-data model）を用いて定量化することである。主要な結果によれば、日本は早期の婚姻を促す政策を検討し、高齢者の依存率を低下させる方策を見つけるべきである。

1　日本の人口動態変化

人口構造の変化は、図7－1Bが示すように、従属人口指数によって分析することもできる。本章では、従属人口指数を、若年と高齢の二つの指数に区分する。若年従属人口指数は、就業可能人口（一五歳から六四歳）に対する若年人口（〇歳から一四歳）の割合であり、高齢従属人口指数は、就業可能人口（一五歳から六四歳）に対する高齢人口（六五歳以上）の割合と定義する。従属人口指数が大きい値である場合は、就業人口に対する負担が大きいことを通常意味する。例えば、日本の就業者は、児童福祉や（後期）高齢者医療制度などの社会保険および社会福祉の費用を負担しなければいけない。若年従属人口指数は、一九八〇年代には急減しており、二〇〇〇年以降は二〇％程度で落ち着いている。一方、高齢従属人口指数は、一九七五年には一〇％であったものが、二〇二二年には五〇％ほどに激増している。現在の低い死亡率と出生率は、日本の人口構造がすでに、いわゆる「人口ボーナス」の段階を過ぎてしまったことを示している。

人口構造の変化と従属人口指数を分析することにより、日本の労働者は、若年人口と高齢人口をともに支えなくてはいけない状態であり、労働市場でもある種のストレスに直面している。社会的費用の当面の傾向は、高齢者に関わるものである。この傾向が今後続くようであれば、

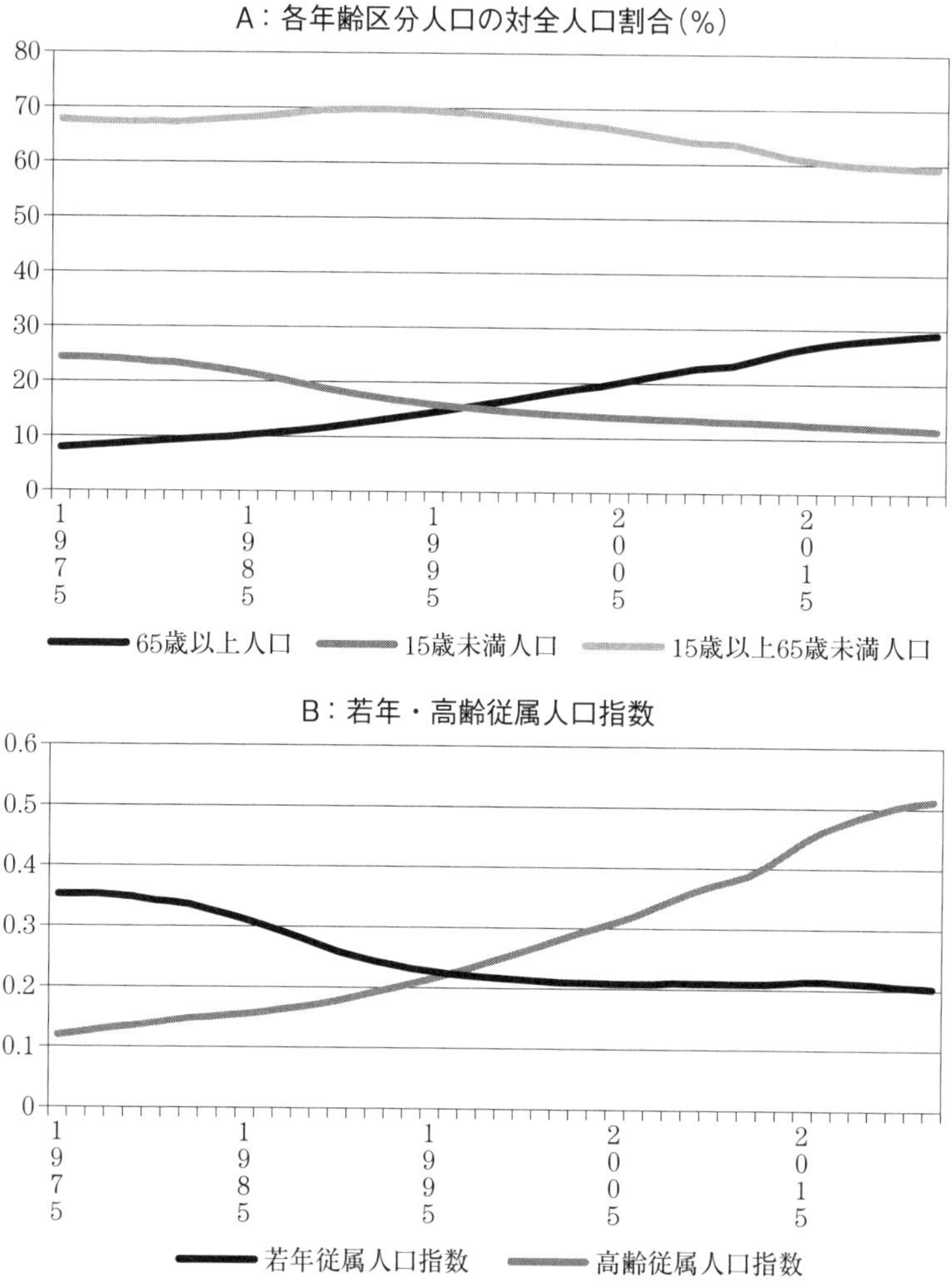

図7-1　日本の人口動態（1975年—2022年）

（出所）厚生労働省「人口動態調査」の公表データを基に作成。

日本の労働市場にはより大きな圧力がかかることになる。というのは、退職者が発生するスピードに、新規就業者が労働市場に参入するスピードが追い付かないからである。労働者の負担を増やす他の要因は、寿命の延伸である。男女ともに日本の平均寿命は極めて高い水準であり、労働者が高齢者を支援するのにかかる負担は日本経済に大きなストレスとなる。例えば、低い生産性、労働力不足、課税ベースの悪化、政府債務などである。移民の活用が十分でないことを背景に、ゴルディンは日本の人口高齢化の影響を、従属人口指数と「人口ストレス率」を使って分析を行い、低出生率が主要な原因である可能性を示している（Goldin, 2016）。

日本の低出生率にはいくつか理由がある。一九七五年から二〇二二年にかけての日本の合計特殊出生率（TFR）の特徴、そして婚姻の決定について調べてみる。図7－2Aによれば、合計特殊出生率はすでに人口維持に必要最低限の水準である二・一を下回っている。一九七八年時点では合計特殊出生率は一・七九であった。その後、急速に下落し、二〇〇五年には一・二六という低水準を記録した。その後の合計特殊出生率は一時的に上昇し、二〇一五年には一・四五まで回復したものの、その後は二〇〇五年以前のスピードで減少に転じた。人口一〇〇〇人当たりの出生者数は減少トレンドを示しているものの（図7－2A）、一九九〇年以降は減少のスピードが緩やかになっている。合計特殊出生率および出生率の低い水準の背景には、図7－2Bが示すように、晩婚化がある。日本における婚姻率の傾向は極めて明らかで、見合い結婚から恋愛結婚への変化によって、今後悪化が予測されている。婚外子が著しく少ない状況の

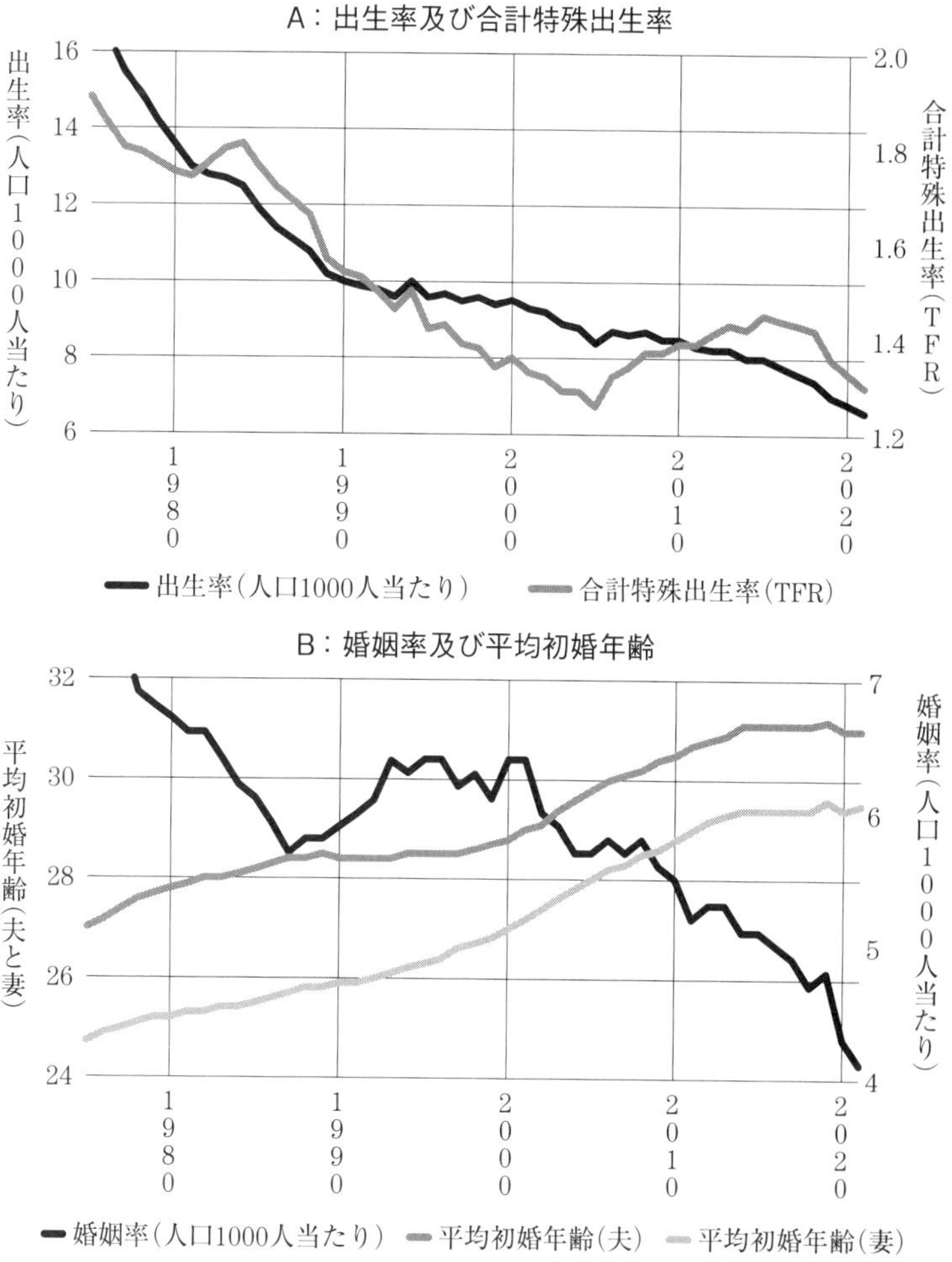

図7-2　合計特殊出生率、出生率、
婚姻率および初婚年齢（1975年―2022年）

（出所）厚生労働省「人口動態調査」の公表データを基に作成。

下で、婚姻率は合計特殊出生率を改善させるための必要条件である。にもかかわらず、日本人若年男女は婚姻を遅らす傾向にある。一般的に、日本人若年男女の初婚年齢の平均は、一九八〇年代以前の水準よりも高い。夫の平均初婚年齢は、妻のそれより数年高いが、二〇〇〇年以降では、その差は縮まりつつある。したがって、婚姻を遅らす決定は、婚姻率と出生率とは負の関係を有しているとみられる。考えられる一つの説明は、経済状況の悪化および女性の労働市場への参加が晩婚化を引き起こしているというものだ。

育児による家計の経済的負担を緩和するために、日本政府は家計に様々な補助を行っている。例えば、四二万円の出生育児一時金、児童手当、乳幼児医療費助成、義務教育の無償化などである。さらに、日本政府は、国内に居住する夫婦世帯を対象とした六〇万円を上限とする結婚助成金制度を導入するなどして、出生率低下を抑えようとしている。夫婦世帯はこの助成制度を、アパート賃貸や引越し費用、住宅購入などに使うことができる。この助成は、世帯年収五四〇万円未満の、四〇歳未満の婚姻予定の夫婦世帯を対象としている。にもかかわらず、こうした日本政府の政策は、低下し続ける出生率の問題を解決するには全く十分ではないとの議論も依然として存在する。

2　データおよび実証モデルの設定

人口動態変化と婚姻要因の出生率への影響を調査するために、e-Statより二〇〇五年から二〇一九年にかけての都道府県別データを入手する。被説明変数には、人口一〇〇〇人当たりの出生数*livebirth*を使う。説明変数は便宜上、家計、人口動態、経済の三種類に区分する。まず家計要因として、変数*marriagerate*は、日本人の婚姻率を表す。婚姻率上昇は、出生率上昇に忠実に対応していると考えられる。というのも、日本では婚外子は一般的ではないからだ。従って、婚姻率を婚姻要因の一つに加える。毎月の男女別労働日数も実証モデルの説明変数に加え、労働力の影響を分析する。一九九〇年代初頭に金融資産バブルが崩壊してから日本経済は数十年間、停滞している。高い生活費用を背景に、経済の停滞により、家計を経済的に助けるために、女性労働者は求職することを余儀なくされた。しかしながら、女性労働者がより就業すればするほど、第一子の出産が遅れるようになる。従って、女性の労働日数（*femaleday*）と男性の労働日数（*maleday*）を説明変数として加えることにした。次に、子を持つ上で重要な価格要因の一つである生活費用を把握する為に、消費者物価指数（*cpi*）を用いて、物価が出生率に与える影響を把握することにした。最後に、人口動態変化に関しては、若年人口の従属人口比率（*lnyoungdep*）と高齢人口の従属人口比率（*lnolddep*）を用いて、日本の就業人口の負担を計測

表7－1　データの説明

変数	説明	単位	分類
livebirth	出生率	人口1000人当たり	被説明変数
marriagerate	婚姻率	人口1000人当たり	家計
femaleday	労働日数（女性）	1カ月当たりの日数	家計
maleday	労働日数（男性）	1カ月当たりの日数	家計
lnyoungdep	0－14歳人口の15－64歳人口に対する比率の自然対数		人口動態
lnolddep	65歳以上人口の15－64歳人口に対する比率の自然対数		人口動態
cpi	消費者物価指数変化率（総合）	%	経済

（注）　訳者一部修正

することにした。

本章で使用する手法は、ベイズ・パネルデータ分析である。次式で示されるベイズ・ルールを使用する。

$$P(\theta|X_t) = \frac{P(X_t|\theta)P(\theta)}{P(X_t)}$$

X_tはデータ、$P(\theta|X_t)$は事後分布、$P(\theta)$は事前分布である。すべての変数は平均〇、分散一万の正規分布に従う。そして、誤差項は（〇・〇一、〇・〇一）を母数とする逆ガンマ分布に従う。

3　分析結果および考察

推定結果は表7－2の通りである。パネルデータは全部で七〇五の観測値からなる。

推定における繰り返しの部分に関しては、いわゆるギブス・サンプリング（Gibbs Sampling）を用い、最初の一万回のシミュレーションは、バーン・イン（burn-in）として使用しない（訳者注：シミュレーションにおける初期値の影響を除去するために行われる）。そして、残りの三万回のシミュレーションをMCMC（訳者注：モンテカルロ・マルコフチェイン）の繰り返しデータとして使用する。受容率（acceptance rate）が一で、平均効率が〇・二〇三なので、全体とした推定のパフォーマンスは許容される。表で示される九〇％の信用区間は、全ての推定された係数の平均値を含んでいる。

人口一〇〇〇人当たりの婚姻数（*marriagerate*）が追加的に一件増えると、人口一〇〇〇人当たりの出生数が〇・八五八増加する。推定された係数は一に近い値であり、出生率を上げるために若年者に婚姻を促す政府の政策を支持する結果となっている。*cpi*（訳者注：消費者物価指数）の係数は予想通りマイナスであり、生活費があがるほど、出生率が下がることを示している。インフレ率が一％上昇すると、出生数が人口一〇〇〇人当たり〇・〇一五人下落する。これらの結果を鑑みれば、望ましい政策は、育児のための支出負担を緩和させるような金銭的インセンティブを提供することである。そこで考えられる提案の一つは、現在の給付額をインフレ率に連動させることである。

毎月の労働日数に関して言えば、男性の労働日数が増えれば、出生率は上がる。具体的には、

表７－２　推定結果

説明変数	係数（推定）の平均	標準誤差	MCSE	90％信用区間下限	90％信用区間上限
marriagerate	0.858	0.059	0.001	0.761	0.955
femaleday	-0.073	0.039	0.001	-0.138	-0.008
maleday	0.286	0.048	0	0.207	0.365
lnyoungdep	4.762	0.469	0.016	3.995	5.548
lnolddep	-0.81	0.162	0.003	-1.075	-0.544
cpi	-0.015	0.009	0	-0.03	0
定数項	6.108	1.072	0.031	4.343	7.884
var u	0.072	0.023	0.001	0.041	0.114
sigma^2	0.044	0.002	0	0.04	0.048
シミュレーション数	40,000				
バーン・イン	10,000				
標本数	705				
受容率	1				
平均効率	0.203				

（注）　・被説明変数は出生率 livebirth
　　　　・MCSE はモンテカルロ標準誤差

毎月の男性の労働日数が三・五日増えると、人口一〇〇〇人当たりの出生数がおよそ一人増える。反対に、女性の労働日数の増加は、出生率のマイナス要因となる。日本社会では、夫の収入が家計の主要な収入源であることが依然として一般的である。したがって、男性労働者は家計の経済状況を安定化させるために、より就労の機会を求めることになる。もし、家計の経済状態の安定が確保されていなければ、家計所得の不足を補うために、妻も労働を提供しなければならなくなる可能性がある。その結果、その家計は子をもうけることを先延ばしにする。これが、変数*femaleday*（女性の労働日数）の係数がマイナスになる背景である。

人口動態の変化は、出生数に大きな影響を与える。変数*lnolddep*（六五歳以上人口の一五～六四歳人口に対する比率の自然対数）の係数がマイナスであることから分かるように、高齢化は出生率上昇の抑制要因になっている。それとは対照的に、若年者の従属人口比率は出生率に対してプラスの係数である。さらに、若年従属人口比率の上昇は、出生率に対してきわめて大きな影響を持つ。しかしながら、変数*lnyoungdep*の係数はプラスである。日本はすでに「人口ボーナス」と呼べる時期を既に過ぎており、高齢化のスピードが、出生率のスピードをはるかに上回っている。これらのことは、日本政府は、若年夫婦または男女のペアが、子をもうけることを促進するような政策をとらなければいけないことを示唆する。

おわりに

低出生率と高齢化は、日本の労働市場に重大な懸念を引き起こしている。パネルデータの分析の結果が示す通り、生活と育児にかかる費用の高騰そして晩婚化が、出生率の低下に寄与している。さらに、高齢者人口割合の増加により、高齢者への給付の増加と、子どもへの給付の減少を余儀なくされている。いわば日本政府は、高齢者と子どもの両者が、同じ資金の獲得を競い合うというジレンマに直面している。短期的には、若年者への給付の増加は、現在の就労世代への負担を増やすことになる。しかしながら、長期的には、将来、出生が回復し始めれば、課税ベースも改善し、日本経済の成長の維持も見えてくる。若年人口への公的支出の増加が求められ、日本政府がこの問題を直視することが不可欠である。

【参考文献】

Goldin, C. (2016). How Japan and the US can Reduce the Stress of Aging. Technical Report, National Bureau of Economic Research.

（スパルーク・サファイトゥーン／訳・俵　典和）

第8章 「不備」か「不適合」か
――ＡＳＥＡＮにおける経済紛争での解決制度の変容――

はじめに

東南アジア諸国連合（以下、ＡＳＥＡＮ）は一九六七年に成立した。以来、加盟国間の協調は政府間協力をはじめ多岐に拡大し、アジア・太平洋諸国との経済、政治、安全保障、軍事、教育および社会文化面での統合を推進してきた。同時に、協調分野の拡大に伴い、ＡＳＥＡＮの法人格化や事務局の設置・整備、紛争解決手続に関する取り決めなど、組織機能の進化も進められてきた。

今日に至るまで持続的進歩を遂げると同時に、ＡＳＥＡＮは多くの困難にも直面してきた。その最たるものの一つが、加盟国間の経済紛争において、これまでに一カ国たりとも所定の経済紛争解決制度（Economic Dispute Settlement Mechanism 以下、ＥＤＳＭ）により解決を図ろうとしたことがないという事実である。その理由は、いずれの加盟国もいまだかつて経済紛争を経験したことがないからというわけでもなければ、ASEANがこれまでに一切の法的措置を取ったことがないからというわけでもない。ASEANによる経済紛争解決に関する規程の策定及び改定は行われてきたが、紛争当事者である加盟国に規程に沿って問題を解決する意思がなかったというのが、実際のところなのである。

本章の目的は、EDSMが存在するにもかかわらず、これまでに一度たりとも適用されたことがないという事実の意味するところに関する考察を目的とし、それによりEDSMの機能的是正と、加盟国による規定適用の促進に寄与することを期すものである。これまでにも制度上の修正が一度ならず試みられてきた事実が、ASEAN自身がその「不備」を認識していた証左であるとして、加盟国が独自の制度に依らぬ紛争解決を選択した主因は、他にあったのかもしれない。加えて、法的手続きとASEANアイデンティティー、特に「ASEANの不文律（ASEAN Way）」との「不適合」の有無についても検証が求められる。もっとも、「不適合」が確認されたことにより、ASEANがWTO協定に則して規定の更新に乗り出すかあるいは運用促進に努めたとして、加盟国が将来的にEDSMによる紛争処理を選択するとは限らない。本章は、（1）一九九六年から二〇一〇年までのEDSMの構築と変遷、（2）過去において紛争解決過程で生じた問題、そして（3）二〇一九年に更新された現行EDSMのASEANの実情との「不適合」に起因する問題とその克服の可能性について論じてみたい。

1　一九九六年から二〇一〇年までのEDSMの変遷

ＥＤＳＭの進化は、紛争解決に関する議定書が一度ならず改定されてきた事実から明らかであり、とりわけ以下の三例は一九九六年から二〇一〇年にかけて行われた最も重要な改定である。

・一九九六年　紛争解決制度議定書（以下１９９６ＤＳＭ）
・二〇〇四年　ＡＳＥＡＮ紛争解決制度強化議定書（以下２００４ＥＤＳＭ）
・二〇一〇年　紛争解決制度に関するＡＳＥＡＮ憲章の議定書（以下２０１０ＤＳＭＰ）

最初の議定書は、一九九二年の「ＡＳＥＡＮ自由貿易地域協定（ＡＦＴＡ）」推進に関する合意から数年後の一九九六年に策定された。ＡＦＴＡは、経済的共栄という加盟国の願望から誕生したものとして理解されており、冷戦終結に伴い新たな課題に直面して、ＡＳＥＡＮの主眼は、設立当初以来の政治、安全保障から経済連携へと移行していった。加盟国の首脳達は、経済紛争解決制度の創設に同意し、一九九二年の「ＡＳＥＡＮ経済協力の実施に関する枠組み協定（Framework Agreement on Enhancing ASEAN Economic Cooperation）」に基づいて、ＡＦＴＡには、経済紛争解決制度が盛り込まれることとなった。そして、一九九六年に調印された「紛争解決制度議定書（1996DSM）」は、ASEANにとって最初にしてかつ画期的な包括的紛争解決制度と評価されている（Soula, 2019）。

一九九七年のアジア通貨危機により、ASEANは景気後退緩和・抑制能力に対する国際社会の信頼を自ら毀損し、統合推進戦略の見直しを迫られることとなった。二〇〇三年、加盟国の首脳たちは第二ASEAN協和宣言（バリ・コンコードⅡ）に署名し、二〇二〇年までのASEAN共同体設立を宣言した。ただし、二〇〇七年には、設立時期は二〇一五年に前倒しされることとなる。この宣言では平和的解決など、紛争解決に関する懸念事項に重点が置かれ、当時の紛争解決方法の改善を呼びかけたもので、その結果として、経済紛争解決制度が策定されたのである。この制度は、二〇〇四年一一月批准の「ASEAN 強化型紛争解決制度議定書（EDSM）」に基づくもので、1996DSMに取って代わり、域内協定の解釈や履行をめぐる加盟国間の紛争を広範に網羅することとなったのである（Woon, 2012）。

二〇〇七年に調印された「ASEAN憲章」により、加盟国間の協力体制は更に強化されることとなった。同憲章は、法的枠組みとより透明性の高い組織構造の構築により、ASEANに政府間組織としての法人格を付与した重要文書の一つである。（Department of Foreign Trade, 2013）。その後、憲章に明記された制度改革は、二〇一〇年四月採択の「ASEAN憲章の紛争解決制度議定書（DSMP）」に結実し、紛争処理が不調に終わった場合の最終決着はASEAN首脳会議に委ねられることとなったのである（Boonklom, 2014）。

このように、ＡＳＥＡＮの紛争解決制度は改変が繰り返されたが、その背景には制度に対する加盟国の信頼醸成という思惑があった。そこで特に力点が置かれたのは、紛争解決手続きの円滑化であった。一例を挙げれば、１９９６ＤＳＭでは、加盟国間に生じ得るあらゆる紛争の仲裁責任は、ＡＳＥＡＮ自由貿易地域（ＡＦＴＡ）理事会とＡＳＥＡＮ経済相会議（ＡＥＭ）が負い、紛争発生に際して加盟国はまず協議を開始しなければならないとされていた。そのうえで、当時国間の合意が困難な場合には、上級経済事務レベル会合（ＳＥＯＭ）に判断が委ねられることとされていた。当事国が決定を不服とした場合には、ＡＳＥＡＮ経済相会議（ＡＥＭ）の判断を求めることができた。だが、こうした紛争処理過程は、実際には必ずしもそのすべてが成文化されていたわけではなく、むしろ政治的意図から生まれたものであった（Kaplan, 1996）。

２００４ＥＤＳＭでは、政治的解決の排除を目的に、ＷＴＯの紛争解決制度を利用することが可能となった。この議定書によれば、紛争当事国には公式、非公式の解決ルートが調停者を介して提供され、調停者は、当事国が紛争解決に関する報告書および決定を受け入れるに足る信頼を醸成すべく、厳格に設定された期間内に、所定の手順を遵守し、調停、交渉、和解を促すとしている。（Woon, 2012）。この制度をもってしても当事国間の合意が不成立となった場合の対応策として、２０１０ＤＳＭＰはＡＳＥＡＮ首脳会議に最終決定権限を付託したのである。

2 これまでに紛争解決制度適用により生じた諸問題

皮肉にも、一九九二年のＡＦＴＡに始まり二〇一五年のＡＳＥＡＮ経済共同体の創設に至るまで、ＡＳＥＡＮの統合は進み、加盟国の信頼醸成のために紛争解決制度の運用上の機能調整も行われてきたが、いまだ制度適用事例が一つとしてないのが実情である。加盟国がＡＳＥＡＮ所定の制度を選択しない理由については、以下の三点をもって説明することができる。

（1）ＡＳＥＡＮ以外の紛争解決手段の利用が容認されていた。

２００４ＥＤＳＭは、加盟国がＡＳＥＡＮ域外のより好ましい紛争解決制度を選択することを容認している。その第一条第三項には「すべての加盟国はその他の機関に紛争解決を求めることができる」と記されている。これとは対照的に、ＷＴＯの紛争解決議定書第二三条には、「加盟国は、対象協定に基づく義務についての違反その他の利益の無効化若しくは侵害又は対象協定の目的の達成に対する障害について是正を求める場合には、この了解に定める規則及び手続によるものとし、かつ、これらを遵守する。」とある。（紛争解決に係る規則及び手続に関する了解 World Trade Organizaticn, n.d.）。換言すれば、ＷＴＯ加盟国は協定の範囲外での紛争処理を認められていないのである。その結果、ＡＳＥＡＮ加盟国がＷＴＯでの紛争処理を選択する事例が多くなる。フィリピン産たばこに対するタイの関税措置や、ベトナムからの特定鉄鋼製品に対するインドネシアの緊急輸入制限措置（セーフガード）の発動をめぐる紛争がその一例である。

（2）審理期間と費用が加盟国による制度利用を阻害した。

２００４ＥＤＳＭには紛争解決の期限が設定されている。例えば、小委員会（パネル）から紛争当事国への報告書送付は六〇日を越えてはならないとされているが、これは甚だ非現実的である。六〇日では必要な調査と審理を全うすることは困難であり、紛争当事国にとっても裏付け証拠の所在確認の提示に十分な時間とはいえない。

紛争処理経費も、２００４ＥＤＳＭの普及にとって重大な障害となった。実際そこに記載のとおり、小委員会と上級委員会に加え、関連事務手続きを含む紛争処理に要する費用を賄うため、ＡＳＥＡＮは当初三三万米ドルを投じて「ＡＳＥＡＮ紛争解決制度基金」もしくは「基金」の略称で知られる回転基金を創設した。しかし、弁護士費用や基金補充費のほか、小委員会や上級委員会による決定履行に追加費用が発生すれば、紛争当事国が負担することになっている（Department of ASEAN Affairs, 2005）。

（3）ASEAN首脳会議が最終決定権を有することにより、政治決着が重要役割を果たした。

2004EDSMの欠陥を補完するとともに、紛争に終止符を打つべく、2010DSMPでは、紛争解決制度を通して下された決議、勧告あるいは決定による影響を免れない加盟国は、首脳会議による最終判断を求めることが認められている。これは法的解決よりもむしろ政治決着への扉が開かれたことを意味する。換言するならば、紛争相手国が議定書を遵守せず係争事案を未解決のまま放置するかまたは政治状況に応じて判決内容を改変するなどして決定に抗うかも知れず、その結果類似の経済紛争が繰り返されるとの懸念から、法的手続きよりもむしろ外交的解決を選択することが可能になったのである（Vergano, 2009）。

3　二〇一九年議定書―ASEANの経済紛争解決制度に内在する「不適合」と課題の克服

ASEANに初の紛争解決制度をもたらした1996DSMから2010DSMPに至るまでの約一五年間、いくつかの阻害要因ゆえに、ASEAN独自の制度が存在するにもかかわらず、紛争処理のためにそれを選択した加盟国は一カ国たりともなかったのである。それゆえに、近い将来においても適用される可能性は低いのではとの懸念を払拭できぬまま、ASEANはその後再び議定書の改定にのぞむことになる。それは、ＡＳＥＡＮが透明性のある遵法組織であろうとする限り、必要不可欠なことであった（Soeparna, 2021）。

やがて２００４ＥＤＳＭに取って代わることになる二〇一九年の紛争解決制度強化に関する議定書（以下、２０１９ＥＤＳＭ）は二〇二二年六月二〇日に発効した。新議定書は、制度の利便性向上を目指すとともに、ＷＴＯ基準に準拠しつつ旧議定書に修正を加えたものであった。小委員会の手続きをはじめ後発開発途上にある加盟国を対象とした特別手続きや紛争解決支援のための法的追加措置権限の事務局への付与など、新議定書には数多くの新条項が追加されたのであった（同書）。

しかしながら、２０１９ＥＤＳＭにおいてもなお、制度適用の促進が主要課題であることに変わりはない。以下に論ずるとおり、従来よりの問題点のいくつかは新議定書において克服されたが、そのまま引き継がれたもののもあったのである。

（１）ＡＳＥＡＮ所定以外の法廷地選択が容認されている。

加盟国がＡＳＥＡＮではなくＷＴＯの紛争解決制度を選択する主因は、「フォーラム・ショッピング（法廷地漁り）」にあるのかもしれない。２０１９ＥＤＳＭの第一条は「本議定書の規定は、他の加盟国が係る紛争の解決に関して、外部において有効な手段による紛争解決を欲する権利を否定するものではない」と規定している。すなわち、加盟国がＡＳＥＡＮ域外に解決手段を求める権利は、二〇〇四年以来独自制度適用の促進にとって最大の阻外要因であったが、2019EDSMからも払拭されることはなかった。この事実は、新議定書の履行に対する加盟国自身の確信の欠如を反映するものであった。

（2）紛争解決期限は延長されたが、経費負担問題は従来通りとされた。

2004EDSMが定める審理期限の非現実性とWTOの紛争解決事例を踏まえ、2019EDSMにおいては、制度をより現実的なものにすべく、小委員会並びに上級委員会に対してより多くの時間的猶予が与えられた。例えば、小委員会の場合、設置から結果報告までの期間が60日から六カ月に延長されることとなった。

その一方で、紛争解決経費に関する変更はなく、「基金」による支援は経費の一部を補うに過ぎず、残りはすべてを紛争当事国負担とする点は、従来のままとされた。2004EDSMでは第一七条に「この基金は、パネルや上級委員会の費用、事務局の関連業務コストを賄うために使用される。弁護士費用を含む、紛争に関わる当事者によって生じるその他すべての経費はその当事者が負担するものとする」とある（ASEAN, 2004）。

（3）ASEAN首脳会議による最終決定権を有する。

二〇〇四年から二〇一九年までの間にEDSMは一度ならず更新されてきたが、紛争解決に関する最終決定権がASEAN首脳会議に属するというASEAN憲章の規定に変更が加えられたことはない。憲章第二六条には「紛争が未解決の場合、本憲章における前記の規定が適用された後に、ASEAN首脳会議に決定を付託される」とあり、続く第二七条においても、「ASEAN紛争手続きによる裁定、勧告、決定事項の非遵守により影響を受ける加盟国は、問題に関する決定をASEAN首脳会議に付託することができる」とASEAN首脳会議の役割が確認されている。首脳会議の関与は、加盟国間の貿易に悪影響を及ぼす可能性が低いことから、好意的に受け取られているのかもしれない（Soeparna, 2021）。

首脳会議に付された政治的最終決着という役割は、「ASEANの不文律」を象徴するものに他ならず、これこそが、協議と合意、そして加盟各国の国家主権を至上とする内政不介入原則を重視するASEAN特有の協調の在り方なのである。自らを政府間組織として規定するASEANとその事務局のいかなる部署にも、加盟国に対する紛争解決上のいかなる権限も与えられてはいない。加盟国こそが最終的な意思決定権を有するのである。それゆえに、紛争は対話と合意により解決されねばならないとするASEANの原則は、紛争処理における政治の役割を強調してきたのである。

おわりに

2019EDSMは、WTOの紛争解決例に範を取ることにより、2004EDSMの紛争解決制度に運用機能上の修正を施したものである。特に注目すべきは、紛争解決期限がより現実的なものに改変された点である。だが、その一方において、「フォーラム・ショッピング」や首脳会議の役割などの重要事項は改変の対象とはならず、このことはＡＳＥＡＮにおける政治的判断の法的手続きに対する優越を示すものであった。

現時点において、２０１９ＥＤＳＭに基づく紛争解決制度の運用成果を評価するのは時期尚早ではある。だが、規則主義に対する志向性とは相容れぬＡＳＥＡＮアイデンティティーが現行制度にも鮮明であることに加え、制度変更が繰り返されてきた事実は、これまでの制度における「不備」の存在を示すに他ならないのである。

ＡＳＥＡＮの紛争解決制度にはＷＴＯの紛争解決に準じた法技術改善の余地があったために、加盟国は通常このＷＴＯ方式を選択して紛争を処理してきた。二〇〇四年に重要な改変がなされた後も、ＡＳＥＡＮ独自の制度により紛争が処理されることはなかった。２０１９ＥＤＳＭも従来通り首脳会議すなわち政治意思に最終決定権を委ねている。このことは、ＡＳＥＡＮの規則主義的あるいは法的拘束力を有する組織への変容と、そのアイデンティティー及び法的あるいは域外組織による国家主権に対する制約を厭う「ＡＳＥＡＮの不文律」との間には、「不適合」が立ち塞っているかもしれぬことを示している。ＡＳＥＡＮにおける紛争解決制度の進化は、むしろその非一貫性と非系統性を露呈しており、現行制度の将来的適用を予測することは決して容易ではあるまい。

【参考文献】

ASEAN. (2004). *ASEAN Protocol on Enhanced Dispute Settlement Mechanism*. Retrieved from http://agreement.ASEAN.org/media/download/20200128120825.pdf

Department of ASEAN Affairs. (2005, June). *เขตการค้าเสรีอาเซียน [ASEAN Free Trade Area: AFTA]*. Retrieved from http://www.plan.doae.go.th/userfiles/AFTA(1).doc

Boonklom, P. (2014). *Dispute Settlement Mechanism in ASEAN Economic Community: A Case Study of the Violations on Trade and Investment Agreement [Master's thesis, National Institute of Development Administration]*. Nida Wisdom Repository. Retrieved from http://libdcms.nida.ac.th/thesis6/2557/b185197.pdf

Department of Foreign Trade.(2013). *กฎบัตรอาเซียน* (ASEAN Charter). Retrieved from Department of Foreign Trade: https://www.dft.go.th/Portals/3/Users/017/17/17/15_Charter_THE_ASEAN_CHARTER.pdf

Kaplan, J. A.(1996). ASEAN's Rubicon: A Dispute Settlement Mechanism for AFTA. *Pacific Basin Law Journal, 14*(2), 147-195. Retrieved from https://escholarship.org/content/qt8635n2c5/qt8635n2c5.pdf?t=n4ow8s

Soeprana, I.(2021). The Role of the ASEAN Summit in the ASEAN Economic Dispute Settlement. *Journal of ASEAN Studies*, 9(2), 101-116.

Soula, S. M.(2019). *Comparison of Dispute Settlement Mechanisms between the ASEAN and the MERCOSUR [Master's thesis, Graduate School of Hanyang University]*. DSpace. Retrieved from http://hanyang.dcollection.net/common/orgView/200000435695

Vergano, P. R.(2009, June 30).The ASEAN Dispute Settlement Mechanism and Its Role In A Rule-Based Community: Overview and Critical Comparison. Retrieved from http://aieln1.web.fc2.com/Vergano_panel4.pdf

Woon, W.(2012, December 11). *Dispute Settlement The ASEAN Way*. Retrieved from https://cil.nus.edu.sg/wp-content/uploads/2010/01/WalterWoon-Dispute-Settlement-the-ASEAN-Way-2012.pdf

World Trade Organization.(n.d.). *Understanding on rules and procedures governing the settlement of disputes*. Retrieved from World Trade Organization: https://www.wto.org/english/tratop_e/dispu_e/dsu_e.htm

（スニーダ・アルンピパット／訳・水野智仁）

第9章　アジア諸国との友好・信頼関係構築に向けて
―民間交流と多文化共生―

はじめに

日本では外国人住民の増加に伴い「多文化共生」という概念に基づいて、政府や自治体が中心となって外国人と共存する地域社会の実現をめざして様々な取り組みが推進されてきた。「多文化共生」は、総務省が二〇〇六年に「地域における多文化共生推進プラン」と題する報告書の中で、「国籍や民族などの異なる人々が、互いの文化的ちがいを認め合い、対等な関係を築こうとしながら、地域社会の構成員として共に生きていくこと」と定義されている。しかし、一般の日本人で、「多文化共生」が何を意味しているのか、また、具体的に自分は何をどうすればいいのかと尋ねられて、即座に明確な答を出せる人は少ない。本章では、まず、「文化」や「文化的相違」について考え、次に日本における外国籍住民や訪日外国人の状況について統計資料をもとに概観し、「多文化共生」を目指すうえでの地域住民による積極的なかかわり方について考えたい。

1 文化と文化的相違

国籍や民族が異なれば、文化的相違があるのは当たり前と思いがちである。しかし、そもそも「文化」とは何かと問われて簡潔に定義することは容易ではない。文化は広範かつ多様な意味を包摂した概念である。ここでは、文化を複数の人間で構成される集団の構成員が共有する生活・思考様式と定義する。人は一生を通して様々な集団の構成員として生活・思考様式を学び適応しながら生きていく。各人は、名前、年齢、性別・性的志向、出身地や居住地、家系や家族構成、学歴、職業、性格、趣味、特技、嗜好、信仰、思考、価値感等々の属性や内面および外見的特徴で自他を区別する。これらの多様な要素が複合的に影響し合うことによって個人のアイデンティティーあるいは文化的背景が形成される。さらに、個人のアイデンティティーや文化的背景は、環境や外的刺激、情報、学習や経験などによって影響を受けながら絶えず変化し、生涯にわたって複雑に形成されると考えられる。

筆者は、第二次世界大戦終結後満州から引き揚げてきた両親の次女として、一九五〇年に生まれた。いわゆる団塊の世代に属する。田畑が広がる田舎で幼少期を暮らし、敗戦から素早く復興し豊かな未来に向かって力を合わせて懸命に働くことが当たり前とされた時期に青年期を過ごした。学校では、個人は独自の個性を伸ばすより集団の一員として規律を重んじ協調することや、発言は控えめで集団の調和に配慮した行動を美徳とする教育を受けた。

社会人となった一九七〇年代初めには、日本は年平均一〇％を超える経済成長を続け、世界第二位の経済大国となった。その後の約二〇年間は、貿易の拡大や企業の相次ぐ海外進出といった国際化の時代で、観光や仕事で外国を訪問したり海外に居住する日本人は増加した。一方で、海外から観光や仕事で日本を訪れる外国人も著しく増加した。多くの人々は、国境をまたぐ移動と、異国での見聞や体験の増加に伴い、日本と外国の文化的相違に関心を寄せるようになった。当時、日本文化や日本人の特徴を欧米諸国と比較することで理解しようとする研究や出版が盛んに行われた。筆者は一九八〇年代後半から十数年間を米国ミシガン州で学究生活を送り、帰国後は、縁もゆかりもない秋田に移り住み、国際教養大学で一〇年余り教鞭をとった。振り返ってみれば、私自身のアイデンティティーは、実に多種多様な社会・文化的環境の影響を受けて形成されてきたと言える。個人の文化的背景やアイデンティティーは、複雑で多様なプロセスを経て、形成される固定的ではなく可変的なものなのである。

世界の環境、政治・経済、社会・文化は、過去半世紀にわたって急速かつ劇的に変化した。先進国、途上国を問わず人々はグローバル化という大きな変化の波を経験してきた。人々は、情報通信ネットワークを通じてあらゆる情報を簡単に入手できるようになった。世界中で、人、物、金、情報などの移動にかかる時間と空間の制約は無くなりつつある。

かつて人の移動や情報流通が少なかった頃には、国を分析単位として文化的特徴や差異を比較研究することには、それなりの意義があった。初期の異文化理解や異文化コミュニケーション研究はこのようなアプローチが主流であった。しかし、多様化が進んだ現在では、外国人と日本人を区別する明確な文化的基準はなくなりつつある。もはや外国人や日本人をある均質な集団の構成員として一括りにすることは難しい。国を分析単位として文化的特徴をとらえようとすることは、多様性を認識しながらも敢えてステレオタイプ化しようとする試みであり、現実にそぐわない。とはいえ、社会の変化を時系列にとらえ、構成員である個人への影響を推察することはそれなりに意義である。また、二次的に利用可能な各種統計データの多くは、地域、国、自治体、教育機関、企業、各種組織別となっている。前述した留意点を念頭におきつつ、日本在住の外国人、とりわけ近年顕著な増加傾向にあるアジア諸国に国籍を持つ外国人の状況についてまとめてみる。

2　外国人居住者の状況

法務省の在留外国人統計によると、長年にわたり在留外国人数は、活動内容に制限のない特別永住者である在日韓国・朝鮮人の六〇万人でほぼ一定していた。ところが一九八〇年代後半

表9-1　国籍・地域別在留外国人数

順位	国名	人数	構成比	前年比
(1)	中国	744,551 人	25.1%	(＋3.9%)
(2)	ベトナム	476,346 人	16.1%	(＋10.0%)
(3)	韓国	412,340 人	13.9%	(＋0.6%)
(4)	フィリピン	291,066 人	9.8%	(＋5.2%)
(5)	ブラジル	207,081 人	7.0%	(＋1.1%)
(6)	ネパール	125,798 人	4.2%	(＋29.5%)
(7)	インドネシア	83,169 人	2.8%	(＋39.0%)
(8)	米国	57,299 人	1.9%	(＋5.8%)
(9)	タイ	54,618 人	1.8%	(＋8.5%)
(10)	台湾	54,213 人	1.8%	(＋5.9%)

（出所）出入国管理庁（2022 年）を基に筆者作成。

からは中国人、ブラジル人、フィリピン人、ベトナム人などの増加による多国籍化が進むと同時に、在留外国人総数の増加という顕著な変化がみられ、二〇〇一年末には一七八万人に達した。さらに、二〇二一年末までの二〇年間に二〇〇一年末の一・六倍に当たる二七六万人へと大幅に増加した。二〇二二年一〇月に公表された出入国在留管理庁の在留外国人統計によると、同年六月末において、特別永住者二九万二七〇二人を含む在留外国人総数は二九六万一九六九人と過去最多を記録した。また、在留カード及び特別永住者証明書上に表記された国籍・地域の数は一九四（無国籍を除く）に上る。特に注目すべきは、上位一〇カ国中、八カ国がアジアの国々で、在留外国人全体の七五・五％を占めている。アジア諸国出身の在留外国人数は今後も増加すると予想される。

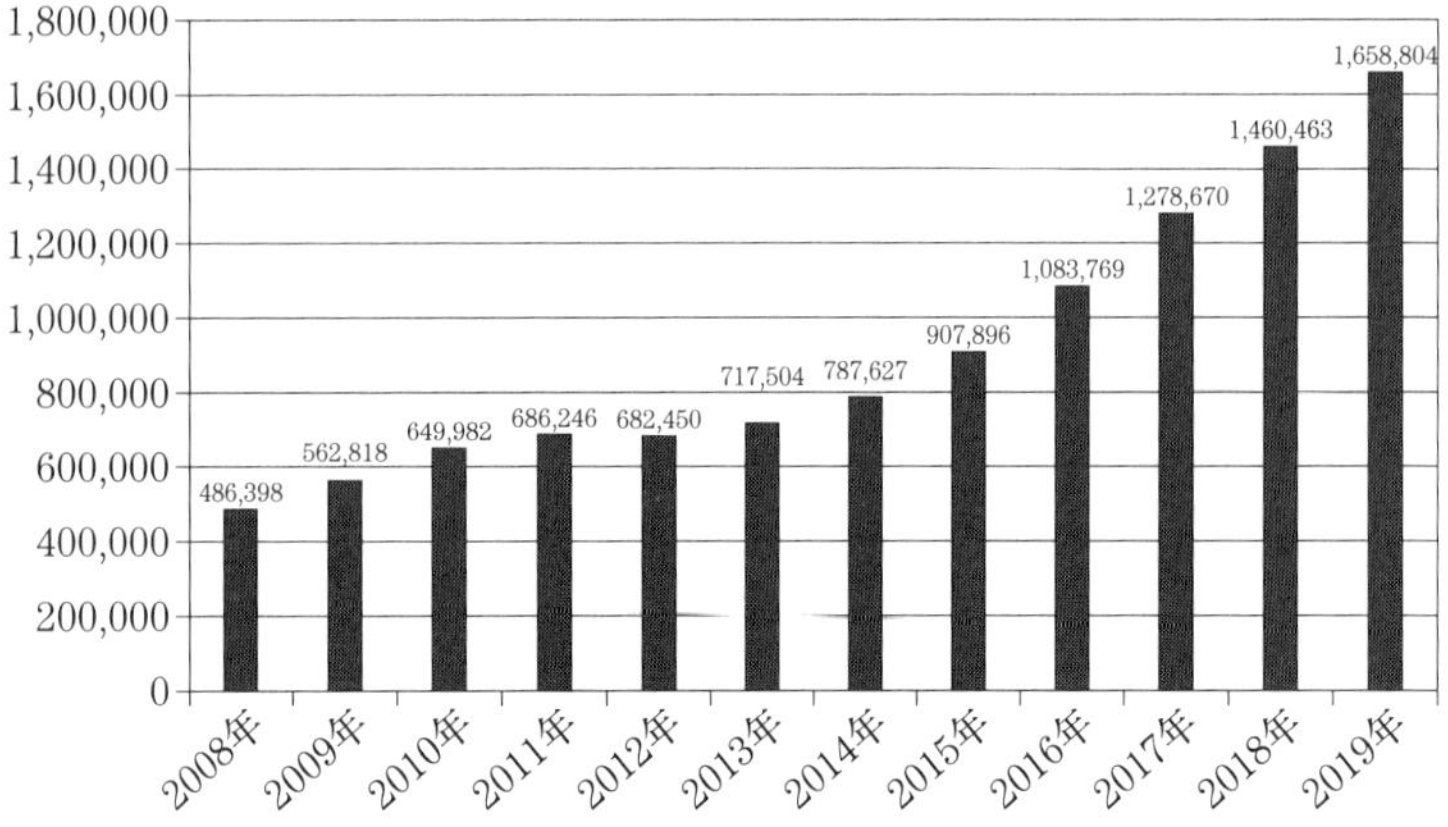

図9-1　外国人労働者の推移

（出所）　厚生労働省職業安定局「外国人雇用状況の届出状況」を基に筆者作成。

在留資格別では永住者二八・六％、技能実習一一・一％、技術・人文知識・国際業務一〇・一％、特別永住者九・九％、留学八・八％である。

厚生労働省の事業主からの届を基にした外国人の雇用状況報告書によると、二〇二一年の外国人労働者総数はおよそ一七三万人であった。国籍別では、ベトナム四五万三三四四人が最も多く、中国三九万七〇八四人、フィリピン一九万一〇八三人、ブラジル一三万四九七七人、ネパール九万八二六〇人、韓国六万七六三八人、インドネシア五万二〇〇〇人と続く。産業別では、ほぼ全産業で外国人労働者は雇用されている。雇用数では製造業が二七％と最も多く、卸売・小売一三・三％、宿泊業・飲食サービス一一・八％、建設業六・四％等が比較的多い産業である。

日本の少子高齢化による労働者不足は今後も深刻になっていくと予想され、外国人労働者はこれまで雇用が進んできた産業にとどまらず、農林水産、福祉・医療、などの分野においても需要が増すであろう。自国と比べて給与などの待遇が良く、技能習得によりキャリアアップの機会を得ることができ、かつ雇用が安定的なものであれば、日本で仕事をしながら暮らし続けたいと願う外国人は増え続けると推測する。

3　訪日外国人旅行者数の推移

近年のめざましい経済発展による所得向上に支えられて、アジア諸国からの海外旅行者が大きく増加した。このような状況のもとで、日本政府は観光を成長戦略の柱とし、同時に地方創生の切り札として訪日観光客を増やすために、二〇〇三年以降「ビジットジャパン」キャンペーンのもと、外国人旅行者の誘客に取り組んできた。

二〇一三年から二〇一五年にかけて、観光ビザ発給要件の緩和や消費税免税といった具体的施策と継続的な円安により、中国をはじめアジア諸国からの訪日旅行者数の顕著な増加傾向が続いた。日本政府観光局によると二〇一九年の訪日外国人旅行者総数は三一八八万人余りと過去最多を記録した。国別の内訳をみると、一位中国九五九万四〇〇〇人、二位韓国五五八万四〇〇〇人、三位台湾四八九万人、が上位を占め、香港、米国、タイ、オーストラリア、フィリピン、マレーシア、ベトナムと続く。国別訪日外国人旅行者数において上位一〇カ国中八カ国がアジア各国である。また、訪日外国人旅行者全体に占める割合としては、八二%がアジアからで、国別では中国からの三〇%、韓国からの一七・五%、台湾からの一五・三%が突出している。

4 日本で学ぶ外国人留学生の状況

日本政府は日本への留学生を増やし、日本との経済交流や文化交流の担い手となってもらうため、一九八三年に一〇年間で一〇倍に増やす「留学生一〇万人計画」を策定した。さらに二〇〇八年には二〇二〇年を目途に三〇万人の受け入れを目指す「留学生三〇万人計画」を策定して、日本への留学に関心を持ってもらうための情報提供、教育機関や社会の受け入れ体制整備、卒業後の就職支援等を盛り込んだ方策を打ち出した。独立行政法人日本学生支援機構は一九八三年から毎年継続して留学生に関する調査を実施してきた。日本の大学、短期大学、高等専門学校、専修学校、大学入学のための準備教育課程、日本語教育機関に在籍している外国人学生数は、一九八三年当初は一万四二八人であったが、二〇年後の二〇〇三年には一〇倍の一〇万人を超えた。外国人留学生は二〇〇四年以降も増加し続け、最多となった二〇一九年には、目標値三〇万人を突破し三一万人余りに達した。

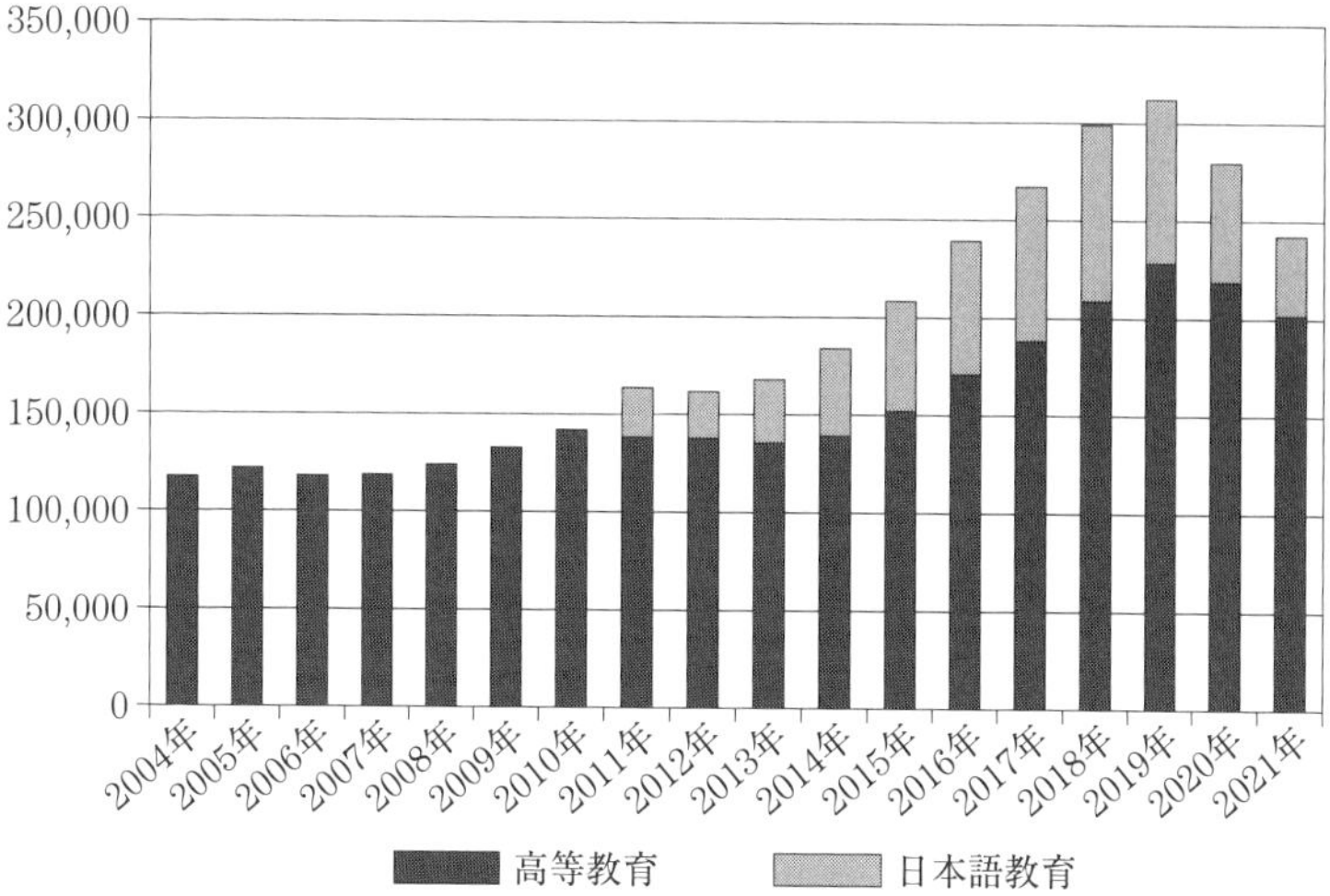

図9-2　外国人留学生数の推移

（出所）　独立行政法人日本学生支援機構（JASSO）による外国人留学生在籍状況調査結果（2022年）に基づき筆者作成。

政府による留学生増加施策の目的は、日本の大学が国際化を推進し国際競争力を強化し、優れた留学生を獲得して教育・研究の質の向上を目指すことであった。加えて留学生には日本語を習得し、日本文化に馴染み、学業修了後は日本で就職し定住してもらい、結果として働き手不足を補うことや企業の国際業務を円滑に進めようとのねらいがあった。

高等教育機関に在籍する留学生の出身地域別割合は、二〇二〇年五月現在アジア九五・一%、ヨーロッパ二・二%、アフリカ一%、他の地域一%未満であった。短期留学生の出身地域については、アジア八一・一%、ヨーロッパ一四%、中南米一・八%、アフリカ一・二%、中東一%、北米〇・八%であった。さらに、留学生数で上位を占めるアジアの国々は、中国四六・六%、ベトナム一九・一%、ネパール八・二%、インドネシア二・五%、台湾二・一%であった。

5　外国籍の人々との出会いと交流

日本国内で見かける外国人の多くは、アジア諸国を国籍とする人々である。一般に国籍をもって、つまりどの国に属しているかによって、個人は日本人、中国人、ベトナム人などと識別される。しかし、国籍は一つの属性であり、ある人の文化的背景を国籍のみで理解しようとすれば、時に過度の単純化や一般化による固定概念や先入観により誤った認識を導きかねない。外国人のなかには、日本語を習得し日本文化に適応している永住者や居住者もいれば、労働・学習目的で一次的に居住中の人々もいる。あるいは、観光やビジネスのため短期に滞在中の旅行者もいる。国籍により一括りにされる人々は、個人レベルでは多様な文化的背景を持つ人々なのである。

昨今広大な領土と膨大な人口、強固な政治体制、軍事力、経済力を持つ中国の動静は世界中の関心を集めている。日中関係は経済的には相互に不可欠な存在であるが、外交や安全保障上は必ずしも良好な関係を維持しているとは言えない。二〇二〇年には新型コロナウィルス感染拡大防止のため両国では厳しい入国制限が行われた。両国の関係者による政府間交流や一般市民による民間交流の機会も激減した。このことが関係悪化の一因ではないかと推測されている。

日本の言論NPOと中国国際出版集団は、日中両国民の相互理解・相互認識の状況やその変化を継続的に把握するため二〇〇五年から毎年日中世論調査を実施している。この調査によると、二〇一三年から二〇一九年において、中国人の対日感情は「良い」と答えた割合が五・九％から四五・九％へと増加し、「悪い」と答えた割合は九二・八％から五二・七％に減少し明らかに改善傾向がみられていた。

岩田賢（二〇二〇年）は、二〇一〇年代以降に見られた中国における対日感情の改善は、メディアなどから得られた間接的情報のみに基づいて対日世論が形成された頃とは異なり、訪日により直接的に日本を経験する人々の増加が一定の寄与をしたという仮説の検証を試みた。岩田の分析によれば、訪日経験者の対日感情は非訪日経験者より顕著な改善が見られ、良い印象の割合は若い世代になればなるほど高くなっていた。岩田は対日感情改善には複数の原因が想定されるとしたが、一要因として訪日中国人の人的な直接接触が寄与していると結論づけた。

二〇一九年の日中世論調査では改善をみせた対日感情であったが、二〇二二年九月に実施された調査結果では、日本に対して「悪い」印象を持っていると答えた中国人回答者は五二・七％から六二・六％へと約一〇ポイント増加した。対日感情の悪化は、コロナ禍で中国からの訪日観光客が激減し、以前のように直接的接触が対日感情に及ぼす肯定的効果を得られなかったことが一因かも知れない。日中関係が不安定である今こそ、多くの中国人には日本に興味を持ち、旅行先に選び、訪日後は日本文化や社会に触れ、人々との交流を通して日本についての理解を深め、ひいては訪日旅行を肯定的な対日感情を抱くきっかけとなるよう期待したい。

一方で、二〇一三年から二〇一九年までの日本人の対中感情は、「良い」一〇～一五％で、「悪い」が八〇～九〇％と一定していた。二〇二二年の調査でも八七・三％の日本人が中国に対して「悪い」印象を持っており、それ以前に比べて大きな変化は見られなかった。日本人が中国に対してよくない印象を持つ主な理由は、尖閣諸島問題、軍拡と安全保障、一党独裁の政治体制、言論統制、異なるルールによる外交や経済活動などである。このような印象を形成する過程で人々が利用する情報源はメディアによる報道である。否定的な対中感情の対象は国家に向けられているのであって、中国社会や文化あるいは民衆に向けられているわけではない。私たちは、日本国内にいる多数の中国人居住者や訪日中国人旅行者と対等な立場で接し、お互いの違いを認め合い、共感や協力を得られるような関係を築き、共に生きていくことを目指したい。

「一期一会」や「袖振り合うも他生の縁」と言われるように、見知らぬ人との出会いを大切にし、心を開いて相手を尊重して接することが大事である。実際、我々が親しい関係にある人々とのつながりが生まれたきっかけを思い起こすと、偶然の出会いだったことも多い。後になってその偶然性を縁あるいは必然性があったと考えることはあるかもしれない。日本各地で外国人とりわけアジア諸国に国籍を持つ人々に出会う機会が増えている現在、まずは積極的に話しかけ、知り合うきっかけを持つことから始めよう。

おわりに

　コロナ禍によって人と人の直接的な接触は制約され、コミュニケーションの取り方は変わった。しかし、手段や方法が変わったとはいえ、コミュニケーションが自他を理解し認め合い尊重しあう関係を結ぶ基本行為であることは変わらない。人はそれぞれ多様な文化的背景を持つ存在であるとの視点から多文化共生を考えてみると、お互いを理解し、共感し、認め合い、信頼しあえる関係を築くことは容易ではない。しかし、相手の考えを受け入れつつ自らの考えを伝える努力は続けていかねばならない。また、相手の感情を敏感に気づき、細やかな心を配りながら、一方で自らの感情を制御しつつ的確に表現することも大切である。コミュニケーション力は多文化共生を目指す地域住民の積極的なかかわりに求められる必要不可欠な能力である。

　コミュニケーションにおいて、言語の習得は重要である。特に母語が異なる外国人とのコミュニケーションにおいて、共通言語は必須条件である。法務省が実施した在住外国人の日本語会話能力に関する調査によると、日常生活に困らない程度以上に会話できると答えた人は八二・二%に及ぶ。一方二〇一八年に実施された在住外国人の情報伝達に関するヒアリング調査では、中級程度の日本語習熟者でも日本語のみで書かれた文から必要な情報を得ることが困難であることや、日本人との交流機会が少ないことが課題であることが明らかになった。回答者の七六%がより平易な日本語での情報を希望しており、英語での情報を希望する六八%を上回った。

日本語での会話が可能で交流を望んでいる外国人が多いということは、言語的な障壁から外国人との交流に消極的になりがちな日本人には朗報である。今後は外国人との交流の輪を広げる日本人が増えることが望まれる。最後に、近い将来、国籍にかかわらず、互いの違いを認め合い、尊重し合い、お互いに信頼し合い、助け合う、多文化共生社会が国内のみならず世界中で実現することを望みつつ本章を締めくくる。

【引用・参考文献】

青木保（一九九〇年）『「日本文化論」の変容─戦後日本の文化とアイデンティティ』中央公論社。

岩田賢（二〇二〇年）「訪日経験が及ぼす対日感情への影響に関する一考察─訪日中国人旅行者を事例とした単純接触効果の検証」『日本国際観光学会論文集』第27号、八三─九三頁。

厚生労働省（二〇二〇年）『令和2年版 厚生労働白書』図表1-1-6「外国人労働者の推移」online: https://www.mhlw.go.jp/stf/wp/hakusyo/kousei/19/backdata/01-01-01-06.html

出入国管理庁（二〇二二年一〇月一四日）「令和4年6月末現在における在留外国人数について」online: https://www.moj.go.jp/isa/publications/press/13_00028.html

出入国管理庁・文化庁（二〇二〇年八月）「在留支援のための優しい日本語ガイドライン」online: https://www.moj.go.jp/isa/support/portal/plainjapanese_guideline.html

総務省（二〇〇六年）「多文化共生の推進に関する研究会報告書─地域における多文化共生の推進に向けて」online: https://www.soumu.go.jp/kokusai/pdf/sonota_b5.pdf

東京都国際交流員会（二〇一八年）「東京都在住外国人向け情報伝達に関するヒアリング調査報告書」online: https://tabunka.tokyo-tsunagari.or.jp/info/2021/04/post-18.html.

独立行政法人日本学生支援機構（二〇二二年）「２０２１（令和３）年度　外国人留学生在籍状況調査結果」online: https://www.studyinjapan.go.jp/ja/_mt/2022/03/date2021z.pdf

日本政府観光局　日本の観光統計データ　２０１９年訪日外客　各国・地域別内訳
online: https://statistics.jnto.go.jp/graph/#graph--inbound--travelers--transition

Jameson, Daphne A. (2007). Reconceptualizing Cultural Identity and Its Role in Intercultural Business Communication. Journal of Business Communication, Volume 44, Number 3, pp.199-233.

（前中ひろみ）

第10章　アジアに暮らす
――「北支日本小学校長会議」にみる戦前の海外子女教育――

はじめに

外務省の規定する「アジア」に長期滞在者あるいは永住者として暮らす日本人、すなわち在留邦人は、二〇二二年に三七万余を数え、これは同年の在外邦人の総数は約一三一万の二八％に相当する。二〇一九年には戦後最高の四一万を記録しており、その後の約三年間で約一割減少したことになるが、これがコロナ禍に因るものであることは想像に難くあるまい。コロナ禍終息後のアジアにおける在留邦人数が増加基調を回復するや否やに拘らず、子供とともにアジア各国・地域に暮らす日本人にとって、我が子の教育に対する関心が減退することはあるまい。むしろ、これまでもそうであったように、教育は今後ともアジアに限らず世界各地に暮らす在外邦人にとって最大関心事の一つであり続けるであろう。

わが国の海外子女教育の端緒は明治初年に遡る。本章の焦点となる華北を含む「中国大陸（以下、大陸）」）では、王政復古の後少しくして上海に邦人子女のための教育施設が開かれたとの記録がある。その後、日清・日露の両戦役を経て、わが国大陸権益の拡大に伴い、開港地や租借地をはじめとする大陸各地に居を構える邦人すなわち「居留民」は増加を続けたが、それは同時に邦人子女すなわち学齢児童や未就学児の増加を意味するものでもあった。大陸に暮らす邦人子女には、家族に伴われてきた者もいれば、現地で生まれ育った者もいたが、保護者たちは概ね我が子に内地と同様の教育を受けさせることを望み、在留邦人団体である居留民団ないしは居留民会により内地の尋常（高等）小学校に相当する大小の教育施設（以下、小学校）が各地に設立された。華北では、一九〇二年設立の「天津日本小学校」を嚆矢として、その後、北京、青島、済南などの各地において邦人小学校の誕生が相次いだ。しかしながら、諸事勝手の違う異境にあって、殊に一九一一年の辛亥革命以降動乱の続くなか、内地と同水準の教育環境を整えることは容易であろうはずもなく、学校運営をめぐる苦衷から生じたのが、華北各地の邦人小学校の連携と共助を目的として、一九二八年八月に北京において開催された「北支日本小学校長会議（以下、小学校長会議）」であった。

本章では、小学校長会議において参加者たちが語った在外教育の諸課題並びに解決策、さらには内地政府に対する要望・提言を概観することによって、今からおよそ一世紀前に華北に暮らした先人たちによる我が子および同胞子女の教育をめぐる取り組みを顧みることとしたい。

1　近代の「中国大陸」における在留邦人と子女教育

近代において、満州及びモンゴルの一部を含む「中国大陸」に暮らす日本人は、明治初年には既にその存在を確認することができるが、顕著な増加は二〇世紀の到来を待って始まる。近代化諸策の進展に加え、日清戦争を始めとする一連の対外戦争における勝利と、その結果としての権益の拡大に伴い、大陸における在留邦人人口は拡大を続けた。第一次世界大戦を前後して帝国主義列強は、辛亥革命による満清王朝の瓦解とその後の混沌を極めた大陸において、民族主義の覚醒に対する対応を迫られることとなる。戦間期殊に日本は反帝国主義運動の主な標的とされ、排日・抗日への対応に迫られた。一九二〇年代後半、やがて南京国民政府による一応の再統一に帰着する国民革命の進展に刺激を受け、さらに熱を帯びた民族主義感情は、より過激な群衆行動として表出し、権益はおろか居留民の生命までをも脅かすに至る。一九二八年五月に山東省済南において北伐途上の国民革命軍と権益及び居留民の保護を目的に出兵した日本軍との間に発生した軍事衝突、いわゆる済南事件は、日中関係の緊迫化を象徴するものであり、その延長線上に待ち受けていたのが一九三一年九月に始まる満州事変であった。関東軍による満州全土及び内蒙古の一部占領と満州国の建国は、内地及び朝鮮半島から同国各地への大量移住に道を開いた。事変の影響による一時的減少など地域差はあったものの、満州以南の在留邦人も増加を続けた。その後、一九三七年七月に日中戦争が勃発し、日本軍による占領地拡大が内地から大陸各地への未曽有の人口流入をもたらした結果、敗戦により満州国・関東州を含む大陸全土から内地へと引き揚げた軍人・軍属を除く邦人は、その数約一七〇万を数えた。

大陸における最初の邦人子女教育施設は、上海に進出した東本願寺別院が一八七七年に設立した寺子屋式の個別指導塾であり、その後、日清戦争を経て二〇世紀にはいると、在留邦人の増加により、内地の尋常（高等）小学校に相当する教育施設の設立が相次ぎ、在籍児童数も増加していった。一九二〇年代後半から一九三〇年代前半にかけて各地で排日が激化すると、一部の地域では在籍児童を含む邦人数が一時的に減少に転じることもあったが、全体としては増加傾向が止むことはなかった。また、学齢児童に加え、未就学児や小学校卒業後の進学希望者も増加したため、小学校のほか、幼稚園、中学校、女子高等学校など各種教育施設が各地に設立されるようになった。日中戦争勃発後の在留邦人人口の急激かつ爆発的増加により、日本軍占領下の各地に大小の小学校の新設が相次ぐと同時に、既設校は施設拡張や分校化などの対応を迫られた。その結果、終戦時には在外教育施設職員の恩給等に関する法令の適用対象とされた小学校いわゆる「在外指定学校」は、関東州を含む満州全土に二一五校、満州以南に四六三校の、計六七八校を数えるまでになっていたのである。

在外邦人子女教育が国民教育と国威発揚に結び付けられ、邦人子女小学校が所在地最寄りの在外公館の管轄下に置かれた一方において、その設立・運営主体は、あくまでも政府ではなく居留民団あるいは居留民会であった。各校の教育内容は、基本的には内地の小学校を対象とした指導要領に準拠するものとされ、教科書も内地と同じ国定教科書が使用された。校地及び校舎は、現地人からの賃借あるいは民団・民会による自己所有であったが、邦人団体の規模や経済力の違いにより、施設・設備には相当の格差が見られた。学校運営費用は民団・民会の年間予算の半分あるいはそれ以上を占め、授業料に加え、民団の場合は団員から徴収される課金、民会の場合は会費、あるいは個人あるいは団体からの寄付金などが充てられたが、それだけでは運営は立ち行かず、外務省による毎年の政府補助金に大きく依存していた。

2 「北支日本小学校長会議」——開催実現までの動き

一九二〇年代半ば、満州以南各地の邦人小学校関係者にとって、邦人子女教育の実情は満足すべきものではなかったようである。一九二五年一二月、前述の東本願寺設立の私塾を前身とする上海日本尋常高等小学校々長長谷川慶太郎は、同地の総領事館に対して、文部省（現文部科学省）と帝国教育会により毎年内地において開催される校長会議への外地からの出席の不便さと在外教育の特殊性を理由として、華南から揚子江流域にかけて各地に所在する在外指定学校の校長による在外教育の改善を目的とした会議の必要性を訴えた。総領事館も長谷川の提案に理解を示し、外務本省に対して会議参加者の旅費負担と文部・外務両省による会議への官員派遣を求めた。その時、同様の動きは既に北京において僅かに先行しており、同年九月初旬には、北京日本尋常小学校々長の広田晴明が、駐中国公使吉沢謙吉から華北各地の邦人小学校長による会議の開催に対する支持と外務本省に対する財政援助働きかけの約束を取り付けていたのである。学校長として北京に着任して八年、広田が会議の着想に至った背景には、広田自身の言葉を借りれば、在外子女教育に対する「憂い」、すなわち現地事情を顧慮せず内地の教育内容と指導方法をそのまま踏襲するだけでは国民教育本来の目標である国家発展に資すべき人材の育成は叶わないとの思いがあった。広田は、広大な華北平原において共通の課題を抱える他校との連絡・協力関係の構築により、在外教育の「不振」、「停滞」を打破しようとしたのであった。

小学校長会議をめぐる上海でのその後の動きと北京での動きとの関連性について、管見の及ぶところではないが、北京では、広田の提案が華北の他の邦人小学校からも賛同を得たのに加え、外務本省も吉澤の働きかけに対して参加者の旅費と北京での開催費用計二五〇〇円の支給と外務・文部両省職員の会議への派遣参加・に同意したことにより、華北各校の小学校長による会議は一九二六年三月に北京において開催されることが決定したのである。ところが、中央政権すなわち北京政府の威令が全土に及ばず、諸軍閥及び革命派が割拠する分裂内戦状態にあった当時の大陸において、会議は劈頭から禍害に見舞われることとなる。開催を目前にして、華北各地を繋ぐ鉄道が不通状態に陥ったために延期を余儀なくされたのである。その後、七月に入ってようやく鉄道が再開したことにより、華北各地から大小一二校の代表者が北京に参集し、ついに八月二日「北支日本小学校長会議」は開会の日を迎えたのであった。

3　華北における邦人子女教育の諸課題並びに対処案

小学校長会議の詳細を記した「北支日本小学校長会会報」の第一巻によれば、会期中、参加者による討議は、一九二六年三月初旬に外務省から予め伝達されていた以下の三つの諮問事項を軸に進められた（以下それぞれ、諮問1、2、3と記す）。

（1）内地における教育と比較して、在外子女教育において特段考慮されるべき点とは何か。
（2）在外子女の国家意識及び愛国心を涵養するための方策とは何か。
（3）在外子女教育における改善点とは何か。

おそらくこれらは、外務省が大陸における邦人子女教育の実態をある程度把握したうえでのものであったと思われる。というのは、補助金を受給する民団・民会からの年次報告書を通して、外務省は各地各校の運営状況についてある程度知り得る立場にあったからである。さらに、北京での小学校長会議開催の前年には、同省理事官の小川忠淳が邦人小学校視察のため大陸に派遣されたように、独自の実態調査も行われていたのである。

前述「会報」によれば、小学校長会議ではまず諮問1に対する回答として、邦人児童の教育・生活習慣上の問題点が指摘されている。

（1）祖国に関する知識に乏しい児童が多く、学習内容の多くに理解困難が生じている。

（2）学期中の転入・退学者が多く、指導が行き届かない。

（3）居留民の生活は奢侈に流れる傾向にあり、児童の学用品等にも過度の出費がみられる。

（4）一般に堅実さと忍耐力の欠如がみられる。

（5）身体を動かす機会が少なく、肉体労働を厭う傾向にある。

（6）内地同胞に比して、祖先に対する篤信・尊敬の念を欠く。

指摘の矛先は児童のみに留まらず保護者を含む居留民社会全体についても向けられたのである。

（1）他国人と雑居する邦人は言動に注意を払い、他国人の軽侮を招き摩擦の生じぬよう心掛けるべきある。

（2）在外邦人は、祖国を懐かしむ情が強いため、盲目的かつ偏狭な愛国心に陥らぬよう心掛けるべきである。

（3）個人の行動が、国家のそれと同一視される傾向にあるため、各自は自国の名誉を棄損せぬよう心掛けるべきである。

（4）在外邦人の貧弱な体格向上のため、居留民団・民会は、図書館や各種青少年組織等の社会教育施設の他、体力増進のための施設を設置するべきである。

そのうえで、問題に対する学校教育上の改善策・対応策が示されたが、事実上これらは諮問2ならびに諮問3に対する回答であった。

（1）内地への修学旅行をはじめ、内地に関する映画及び内地ラジオ番組の視聴、内地工芸品の展示などの利用は、児童の日本人としての自覚を涵養するに有益である。

（2）内地の学校と同一の教育課程、教科書・教材を用い、学期途中の入学者および帰国退学者に対して、内地との一貫性のある指導を行う。

（3）質素な生活を奨励し、実用的な学用品を選ばせるようにする。

（4）学校は児童の不適切行動には厳正に対処し、健康に留意するとともに、体力向上を重視する。加えて、児童には校庭の清掃のほか家庭での家事にも従事させるべきである。

（5）他国人との接点が多く、日本国民としての自覚喚起には好都合な環境にあることから、他国の文化・習慣に対する適正な批評能力とともに、その美点から学ぶことにより自国の欠点を是正しようとする姿勢を身に着けさせるべきである。

（6）他国人と雑居国際感覚の涵養に適した環境にあることから、邦人学校は他国の児童との交流の機会を設け、互恵の精神を育むように努めなければならない。

(7) 中国での生活を現地理解の増進に活かすことで、将来の日中提携を主導する使命感を有する児童の育成が求められる。

(8) 内地における人口問題ならびに海外生活の国益上の意義についての理解を通して、児童の現地永住の意思を培育すべきである。

(9) 信仰心を勧奨すべく、神社参拝に加えて、家庭での神仏崇拝が奨励されるべきである。

(10) 個人の行動が日本国全体の行動を見做される傾向があるため、国家の体面を穢さぬよう留意させるべきである。

(11) 中国に対する理解増進は、中国在留邦人のみならず内地同胞にも求められるべきであるがゆえに、地理並びに国語の教科書の中国に関する記述を増やすことが重要である。

このように、会議参加者たちにとって在外子女教育の主眼が、日本国民としての自覚と国際社会における国威発揚に資する人格を兼ね備えた人材の育成にあったことは、諮問2に対する回答によって再確認することができる。紙幅の都合上詳細は割愛するが、そこには、修身、国語、国史、地理、理科、商業、音楽の各教科の指導を通して、児童の尊皇意識と愛国心の涵養ならびに国体理解の深化の必要性が説かれているのである。ただし、自己文化中心主義的あるいは一国優越主義的な自他認識を戒めるとともに、現地理解を含む異文化理解の必要性を説いている点を見逃してはなるまい。

海外子女教育の改善点に関する提言は、教育現場を越えて、海外子女教育制度のほか居留民および現地教員の生活態度にまで及んだ。

（1）海外発展が重大国策であるならば、政府は、内地とは異なる特殊環境下に置かれた在外教育に特化した基本指針を定めるべきである。在外教育振興、国策遂行のため、外務省内における海外教育担当部門、在外教員養成・研修機関の設置など在外教育行政機関の整備と教育施設の系統的整備が必要である。

（2）中国大陸に暮らす居留民の気質は好ましいものではなく、堅実、勤労の風に欠け、体力鉄器にも劣るため、民団・民会は社会教育並びに体育教育施設を整備すべきである。

（3）現地教員までもが居留民社会の悪弊に容易に感化される傾向にあることから、教員は自らの重責を十分認識したうえで、進取の気性をもって精勤に努めるべきである。

以下のように、さらに具体的な提案もなされたが、教員の養成・待遇に関わるものが多くを占めるのは、会議参加者自身が教員であり、彼らが自身の待遇・処遇をめぐり政府および民団・民会に対して不満を抱いていたからに他なるまい。

（1）公使館またはその他の適当な場所には教員監督・養成機関、加えて在外邦人の定住促進をはかるための各種教育施設の国費による設置が欲せられる。

（2）待遇の不十分並びに大陸情勢不穏により優秀な教員の獲得が困難になりつつある一方

で、在外校での教員需要は増加傾向にあることから、海外派遣教員養成制度を整備すべきである。

（3）在外学校の財政難解消に加え、居留民団・民会には教員を事務職員扱いする傾向にあるため、教員権限の民会・民団からの独立と有能な教員人材確保のための待遇改善のため、在外学校の人件費の全額を国費負担とすべきである。

（4）初等教育修了後進学のため帰国する傾向にある邦人子女に現地永住を促すべく、北京・天津間に中等学校と高等女学校を国費により設立すべきである。

（5）内地の教員同様に在外教員にも、国費負担による内地及び中国大陸、シベリア等への視察の機会が与えられるべきである。

（6）内地の教員と同様に在外教員も功績表彰の対象とされるとともに、在外勤務の特殊性を考慮した在外教員の待遇改善が図られるべきである。

（7）地理、国語の教科書における中国に関する内容を増やすにより、在外邦人のみならず全国民の中国理解促進が期待できるはずである。

一九二六年八月二日に開会した第一回目の学校長会議は、翌々日四日に以下の決議を得て無事閉会した。決議の第一は、内地政府に対して大陸の邦人小学校を対象とした「教育綱領」の制定を求めるものであった。教育勅語ならびに小学校令により教育目的は元より明確であると断じたうえで、「綱領」には、①忠君愛国の精神をもって自らの責務に忠実に従事するとともに、②持久的海外発展に資する姿勢と精神を養い、③特に日中両国関係の緊密化を意識した国際的平和愛好の精神を理想とし、④外国人に見劣りせぬ国家の海外発展に資すべき剛健な身体作りに努めるとする四点が明記されるべきとした。その他の決議内容は、前述の外務省から諮問事項に対する回答と重複するもの以外は、ほぼすべて教育現場における上記②〜④に関連する実践案であった。

実のところ、会議において討議された課題及び提言の数々は、内地政府関係者の認識と大差のないものであった。前述の小川忠淳は、視察報告書のなかで、予算、施設、教育のすべてが不足する大陸の在外子女学校の実情及び邦人子女教育に対する一元的管理・監督体制の欠如に対する「耐え難い怒りと悲しみ」を吐露している。そのうえで小川が示した改善案には学校長会議における提言と多くの点で一致がみられた。外務省は、北京での会議から二年後の一九二八年春にも、文部省教育監山内祐太郎を大陸に派遣した。北京をはじめとする各地の邦人学校を視察して、一部を除き「沈滞」状態にあると報告した山内の改善案も、小川と同様に学校長会議と多くを共有していたのである。

4 その後の学校長会議

華北の邦人小学校関係者たちは当初学校長会議の毎年開催を予定していたが、表10－1のとおり、第二回会議が初回の翌年一九二七年に青島において開催された後は、不定期開催を余儀なくされたのであった。その一因が大陸現地の事情であったことは間違いないが、もう一つは外務省の学校長会議への対応にあった。一九二九年の第三回学校長会議を前後して、参加校の一部及び外務省内に会議の有効性および継続開催の必要をめぐり否定的な声が上がり始め、一九三一年に外務省は過去三回の開催をもって議論は尽くされたと判断するとともに、会議の効力に対する疑義および財政状況を理由として、支援の打ち切りを決定したのであった。ところが、その後外務省の方針は一定せず、一九三四年には支援再開により、第四回学校長会議が済南において開催され、その際に第五回会議を翌年同じく山東省の芝罘において開催されることとなった。その後、再び芝罘開催も現地情勢により中止となり、翌一九三六年の芝罘または天津における代替開催に対する支援申請がなされた。ところが、外務省は会議の意義は認めつつも、一九三一年と同じ理由をもって、毎年ではなく三～五年おきの開催を妥当として申請を却下したのであった。第五回会議が北京において実現したのは、前回から八年を経た一九四二年のことであった。

表10-1　華北日本小学校長会議の開催時期及び開催地、参加校数一覧

回	開催年月	開催地	参加校数
1	1926年8月	北京	12
2	1927年8月	青島	12
3	1929年8月	天津	12
4	1934年8月	済南	13
5	1942年	北京	不明

（出所）　外務省外交史料館所蔵「在外日本人学校教育関係雑件―国民学校長会議関係」を基に筆者作成。

終戦前最後の開催となった第五回会議の詳細は不明だが、第二回以降の三回の学校長会に関する史料によれば、第一回会議における提言・請願のいくつかは、その後も繰り返された。この事実は、学校長会議が当初期待されたほどの成果を華北の各校にもたらすことはなかったことを意味する。第四回会議から七年後の一九四一年九月、帝国教育会の設置による「海外教育振興委員会」の第一回会合が開催されたが、このときの邦人子女教育に関する提言も、その多くは一五年前の第一回会議の焼き増し的な内容であったことから、第四回会議以降もおそらく終戦に至るまで、現地学校関係者が望むかたちでの変化がもたらされることはおそらくなかったであろう。確かに、学校長会議による提言・請願が何一つ実現しなかったというわけではない。例えば、天津では、第一回会議において提案された小学六年生による内地への修学旅行が一九三三に始まり日米開戦の数ヶ月前に中止されるまで実施された。

同じく第一回の決議事項に含まれていた小学校間の連絡・互助組織の設立についても、翌年の第二回会議において「北支那日本教育会」の結成により実現している。だがその一方において、実現に至らぬままとなったものも少なくはなかった。例えば、外務省に対する請願が繰り返されたにもかかわらず、在外教育施設に対する監督指導機関の設置は、ついに実現には至らなかった。日中戦争の勃発後、政府が内地からの大量教員派遣に乗り出したことにより、華北の邦人小学校はそれまで事実上自助努力のほかなかった教員採用の労苦から相当に開放されることとなったが、これは、政府が邦人子女の爆増という事態に対応した結果であり、学校長会議における提言が聞き届けられたからではなかったのである。

5　海外子女教育の変わる風景、変わらぬ風景

敗戦により海外在留邦人は帰国を余儀なくされ、華北を始めとする世界各地の邦人子女教育施設はひとたびその姿を消したが、戦後復興に続く高度経済成長と日本企業の海外進出に並行して、在留邦人ならびに在外邦人子女のための教育施設は世界各地に増加、拡散していった。「バブル景気」の崩壊後日本経済が長期停滞状態に陥った後も、増加・拡大傾向はコロナ禍まで続いた。今日、海外で暮らしながら我が子に日本語での教育を望む親たちには、全日制の日本人学校（九四校）と現地校または国際学校に通う子女のために週末あるいは平日の午後に開校

される補習授業校（補習校）（二二八校）のほか、国内の学校法人により設立された全日制の私立在外教育施設（七校）という三つの選択肢があり、二〇二三年四月時点で約四万人の児童・生徒がそのいずれかにおいて学んでいる。

二〇二二年六月には、「在外教育施設における教育の振興に関する法律」（以下「在外教育施設振興法」）が公布・施行され、在外教育施設に対して戦後初めて法的裏付けが与えられるとともに、海外子女教育の振興をして国家の責務とすることが明確化された。そして、翌年四月には、文部科学省と外務省が、海外子女のための学びの保証という基本方針を打ち立て、海外における国内と同等の教育環境整備のための基本事項（①教職員の確保、②教職員に対する研修の充実、③教育の内容及び方法の充実強化。④適正かつ健全な運営の確保、⑤安全対策、⑥国際的な交流の促進、⑦調査研究の実施、⑧その他）を設定した。

奇しくもそれらは、約一〇〇年前に華北各地の邦人小学校関係者が取り組まんとした諸課題にほぼ重なる。本章にその逐一に言及する紙幅の余裕はないが、その最たる一例が前述①の「教員の確保」であり、今昔を分かたず在外邦人教育施設を悩ませ続けている。今日では、北京での第一回会議当時には存在しなかった派遣教員制度が整っている。しかしながら、国内からの現役教員の派遣だけでは国外からの要請に応じ切れず、シニア派遣およびプレ派遣制度を導入するも、日本人学校では教員充足率が八割を切る状態が続いている。在籍児童生徒数が一〇〇名を越えねば補習校への教員派遣はなく、派遣されたとしても、校長か副校長もしくは教頭として学校の運営管理に専念することになっている。実際に教壇に立つのは現地採用教員ということになるが、彼らの多くは国内の教員免許もなければ教職経験もない文字通りの素人なのである。就労許可制度など現地事情しだいでは、必要人数を揃えるだけでも一苦労というのが実情なのである。

わが国の海外子教育が、このようにある面において確かに制度的進化を遂げつつも、その一方において一〇年ならぬ一〇〇年一日のごとく古くからの課題を完全に克服できぬままの状態にある原因は一体どこにあるのか。日本力行会の第二代会長永田稠は、一九二七年の同会機関紙『力行世界』において、世間一般の海外子女教育に対する無関心を指摘しているが、それは今日にも当てはまるかもしれない。学齢期の総人口は約九四〇万を数えるが、同年代の海外子女はそのうちの一%にも満たぬ約八万人に過ぎないとすれば、大方の国民にとって海外子女教育など他人事であり、関心が低いのも無理からぬことかもしれない。世間の関心にはかかわりなく、政治や経済界の責任も当然のことながら問われねばなるまいが、少なくとも近年において、日本政府は必ずしも無関心、無為無策というわけではないように見受けられる。安倍晋三率いる自民党は、二〇一二年末に政権復帰を果たすと、翌年には党内に「海外子女教育推進議員連盟」を立ち上げ、二〇一六年には「在外教育施設グローバル人材育成強化戦略」および「日本再興戦略 改訂２０１６」を策定した。後者には「海外の子どもたちが質の高い教育を受けられるよう在外教育施設における教育環境機能の一層の強化を図るべき」との一文が付され、翌二〇一七年に閣議決定された「経済財政運営と改革の基本方針2010―人材への投資を通じた生産性向上」では「在外教育施設における教育環境機能の強化を図る」との方針が示された。こうした動きは、安倍自民復権後に海外子女教育関連予算が削減から増額に転じた事実とあわせて、政権のグローバル人材の育成を国家戦略の一環として従来にも増して重視する姿勢によるものではないのか。安倍退陣後、二〇二一年には「在外教育施設未来戦略2030」が策定され、続く翌二〇二二年には前述の「在外教育施設振興法」も制定されたように、後継政権は前政権の路線を踏襲したかにみえるが、これら一連の政策の成否を問うには、今しばらく時を待たねばならないであろう。

おわりに

わが国の海外子女教育は、一〇〇年前にはほぼ何人たりとも想像しなかったであろう事態に直面しつつあるのかもしれない。バブル崩壊以来沈滞久しいわが国経済の活性化と、人口減による国内市場縮小への打開策を、海外経済活動のより一層の拡大に求めるとすれば、今後も一定多数の日本人がアジアをはじめ世界各地に暮らすことになるであろう。ところが、近年、海外在留邦人にとって、「国内と同等の学習環境」あるいは「日本語による教育」は、我が子の教育を考えるうえでの最優先事項ではなくなりつつあるのかもしれない。事実、日本人学校と補習校は在留邦人から選ばれなくなりつつあるという現実がある。両校の在籍者数は一九九〇年代初頭以来頭打ち状態にあり、近年では三万五〇〇〇人から四万人強の間に留まっている。学齢期の海外子女数はコロナ禍までに約八万に達していることから、最早約半数の海外子女が居住（滞在）先の現地校または国際学校において日本語以外の言語で学び、日本語学校と補習校のいずれにも通っていないということになる。こうした現象は北米において特に顕著であり、欧州がそれに次ぐ。背景には、外国語とりわけ英語の習得に対する保護者の関心の高さに加え、永住者や国際結婚家庭の増加があるとされているが、ここにきて、同様の現象がアジアおいても確認されつつあるとの指摘もある。これが事実であるならば、教育の目的と主体性とともに、言語（教育・学習）の広漠性と深淵性という点より、ある種既視感のある光景が我が国の未来に待ち構えているやもしれぬと考えるのは、はたして筆者のみであろうか。

【引用・参考文献】

海外子女教育振興財団総務チーム「２０１９（令和元）年度在外教育施設事務長議会議の概要【２０１９年8月1日・２日開催】」
online: https://www.joes.or.jp/cms/joes/pdf/zaigai/jimucho/2019kaigigaiyo.pdf
外務省「海外教育」
online: https://www.mofa.go.jp/mofaj/toko/kaigai/kyoiku/index.html
外務省（二〇一九年、二〇二二年）「海外在留邦人数調査統計」
online: https://www.mofa.go.jp/mofaj/toko/tokei/hojin/index.html

小島勝（一九九三年）「第二次世界大戦前の在外子弟教育論の系譜」竜谷学会。
小島勝（一九九九年）「日本人学校の研究―異文化間教育史的研究」玉川大学出版部。
「在外日本人学校教育関係雑件／国民学校長会議関係」（I-1-5-0-1_7）外交史料館所蔵ＪＡＣＡＲ（アジア歴史資料センター）Ref.B04011646400
佐藤量（二〇一三年）「戦後中国における日本人の引揚げと遣送」『立命館言語文化研究』25巻1号、一五五－一七一頁。
滝多賀雄（二〇〇八年）「海外派遣教師への道―在外教育施設派遣教員集計資料集―海外子女教育データ・ファイル」創友社。
西村正邦（一九九七年）「天津日本租界物語」衞邦信走悠関。
文部科学省（二〇一六年）「在外教育施設グローバル人材育成強化戦略」online: https://www.mext.go.jp/a_menu/shotou/clarinet/002/1376422.htm
文部科学省（二〇二二年）「在外教育施設における教育の振興に関する法律」online: https://www.mext.go.jp/content/20220627-mxt_kyokoku-000023620_2.pdf
文部科学省（二〇二三年）「在外教育施設における教育の振興に関する法律・基本方針について」online: https://www.mext.go.jp/a_menu/shotou/clarinet/mext_01928.html
文部科学省（二〇二三年）「在外教育の概要」online: https://www.mext.go.jp/a_menu/shotou/clarinet/002/001.htm

（水野智仁）

第11章　秋田から見たアジアのカトリック教会
――日本、フィリピン――

はじめに

アジアの宗教というと、どのようなイメージが頭に思い浮かぶであろうか。タイの仏教寺院で橙色の修道服をまとった僧侶や、バリ島で見るあでやかなヒンズー教の影響を色濃く反映する神秘的な舞踏を思い浮かべる人もいるのではないだろうか。ところが、実際にはアジアの国々の中にも、様々なキリスト教宗派とその信者が存在する。本章ではキリスト教の中でもプロテスタント教会と総称される多様なキリスト教諸派ではなく、バチカンに本部を置くローマ・カトリック教会に属する一般信徒のアジアにおける宗教的実践に焦点を当てる。

一見、相容れないように見える「キリスト教」と「アジア」の関係は思いのほか深い。アジアという名称一つをとっても人によって定義の仕方が異なる。中東までをもアジアとする見方に従えば、キリスト教をもたらした「ナザレのイエス」は現在ではイスラエルと呼ばれる国のガリラヤ地方で生まれたと伝えられているので、アジアはキリスト教の生まれた場所（Phan, 2011: 2）ということになりえる。またインドへの宣教はイエスの十二使徒の一人であったトマが行ったと伝えられているので、アジアとキリスト教の歴史は古い。

本章では、日本とわが国のカトリック教会が交わりを持つことの多いフィリピンのカトリック信者の宗教的実践を紹介し、その多様性を考察したい。それによって、アジアの宗教的多様性にとどまらず、アジアそのものへの理解を深め、「アジア共同体」構築の可能性を含め、アジア諸国・地域間の将来的な連帯と協調を考える上での一助としたい。

1　巡礼地としての秋田

およそ一〇年前、このアジア共同体というテーマを考える上で希望となるようなカトリック信者の集いが秋田でも開催された。まずその事例から紹介したい。秋田県秋田市添川の田園地帯に普段はひっそりと佇む聖体奉仕会という小さな女子カトリック在俗会がある。二〇一三年一〇月一二日の夜から翌一三日の朝にかけて、聖堂におよそ八〇〇人が集っていた。マイク、ライト、カメラなどの機材が衛星中継を行うために運び込まれ、ふだんは薄暗く静寂に満ちる聖堂が、この日は明るく照らし出され、大勢の人の期待に満ちた熱気に溢れるなか、「聖母と共に過ごす祈りの夜」という会が開催された。一九一七年にポルトガルのファティマで起きたとされる「聖母マリアのご出現」(Marian apparition) を記念し、聖母マリアに捧げられた全世界一〇カ所の巡礼地を衛星中継で繋なぎ祈る「マリアの日」(Marian Day) というイベントに参加するためであった。これはカトリック教会のローマ教区(バチカン) の呼びかけで行われた。

聖母マリアとはイエスの母として聖書に描かれ、世界中のカトリック信者の崇敬を集める存在である。聖母にまつわる教会、聖堂、巡礼地などは世界中にあるが、実は秋田の聖体奉仕会は聖母に捧げられた場所ではなく「聖母マリアのご出現」が起きた場所(安田貞治、二〇〇〇年) として、カトリック信者の間では「知る人ぞ知る」聖地であり巡礼地なのである。この「マリアの日」開催にあたりフランスのルルドの泉や、イスラエルにあるイエスの生誕地ナザレなどの世界的巡礼地とともに、驚くべきことに秋田の聖体奉仕会がマリアにゆかりの深い十か所の巡礼地の一つとして選ばれたのである。秋田の他にアジア地域から選ばれたのはインドのみであった。

秋田における「聖母と共に過ごす祈りの夜」への参加者は、日本人ばかりではなく、フィリピン人や韓国人、ベトナム人などの多岐にわたり、その光景は実にアジア共同体を思わせるものであった。当日、ローマを中心とした他国との衛星中継終了後行われたカトリックのミサ典礼の様子からも、参加者の多様性が窺い知ることができた。ミサは現地語のみで行われるのが通例である。これに対して、「国際ミサ」と名付けられて行われた典礼は、入祭の歌は英語、あわれみの賛歌はベトナム語、栄光の賛歌はタガログ語（フィリピンの言語）、更には、第一朗読は韓国語、答唱詩編は日本語というように参加者の母語を取り入れた結果、都合五カ国語で行われた。また、参加者全員が歌えるよう、聖歌にはラテン語のものも含まれていた。司式は秋田のカトリック教会関係組織を管轄する新潟司教区の菊池功司教と東京から参加したチェノットゥ教皇大使が共同で行い、華々しい雰囲気の中に閉祭した。

上述した集いは日本に住むアジア各国の信者が、ミサという典礼を通して、一時とはいえ、ある種の共同体のようなものを形成した時間であったと言えるのではないだろうか。では、この秋田での事例にみられたようなカトリックの世界観を通じたアジア共同体の構築は、恒常的に可能なのであろうか。まずは、カトリック教会の規模を俯瞰しながら、信者の多様性を認めつつ一定の教義をもって世界各地で布教活動を行う教会の戦略をみてみたい。

2 カトリック教会の趨勢と多文化受容の試み

世界の様々な宗教の趨勢を語る際に、イスラム教の台頭が著しいといわれて久しい。しかし、二〇一二年のピュー・リサーチ・センター（Pew Research Center）の調査によれば、二〇一〇年の時点で世界人口に占めるキリスト教徒の割合は三一・五％と最大である。なかでもカトリック信者はおよそ一三億六〇〇〇万人、世界人口の一七・七％を占める（Llywelyn, 2022）。カトリック人口が世界人口に占める割合は一六〜一七%と、ここ一〇〇年の間、大きな変化は見られないが（Pew Research Center, 2013）、地域別にみると、カトリック信者の人口動態は大きく変化している。一九一〇年に全世界のカトリック人口の六五%を占めていたヨーロッパにおける信者数の割合は、二〇一〇年には二四%まで低下した。一方、アフリカやアジア太平洋地域における信者数の割合は増加傾向にある。一九一〇年のアジア太平洋地域におけるカトリック人口は、世界中の全信者数の五%に過ぎなかったが、二〇一〇年には一二%まで増加している（Pew Research Center, 2013）。実際、アジア全体においてカトリック信者が長きにわたって少数派であることは変わらないが、アジアの人口そのものが多いため、今では世界のカトリック人口の十人に一人がアジアに暮らしているのである（Llywelyn, 2022）。

カトリック教会は宣教の歴史の中で、多様な文化と遭遇・対峙しつつも、異質な文化の中に自分たちの世界観を持ち込み、その存在を確立する方法を探ってきた。世界人口の一七%がカトリック信者ということは、カトリック教会はその教えを全世界に広めるという使命において一定の成功を収めたといえるであろう。しかし、多様な文化の壁を乗り越えての布教活動が極めて困難であろうことは、想像に難くない。

帝国主義時代が終わり、脱植民地化が進む中でカトリック教会は一九六〇年代以降、世界各地の文化を取り込みながら布教活動を推進してきた。一九六〇年代なかばに第二バチカン公会議という教会指導層の会合が数年にわたり開催され、教会が時代の変化に則して存続できるよう、あらゆる面での改革が行われた。世界各地域にある「文化」の問題は布教活動上重要な意味を持つ。教皇パウロ六世は「(神の)御国の建設には、(人間の)文化の要素を借りないわけにはいかない」(Angrosino, 1994: 824)と認め、それまで欧州文化とカトリック教会は往々にして混同されてきたが、公会議を機に、両者は切り離して考えられるべきであると方針を転換したのである。第二バチカン公会議を通して教会の指導層は「インカルチュレーション(文化的受容)」という概念を創り出し、各地の文化的要素を、キリスト教の教義から逸脱しない範囲内で信仰生活に取り込む方向へと舵を切った。例えば、日本のカトリック教会では、この方針に応じて、七五三や成人式、敬老の日などが祝われている。

公会議はさらに、他宗教に対する寛容姿勢の方針を決定した。特に、仏教、ヒンズー教、ユダヤ教、イスラム教をあげ、これらの宗教にも霊的、倫理的、文化的価値があるとし、それまで取ってきた他宗教を頑なに否定する立場から一転して寛容な立場を打ち出した。こうした他宗教に対する寛容性は、カトリック教徒による宗教実践にいかなる影響を与え得るのか。ひいては、こうした方針は共同体の創出などアジアにおける各国・地域の連帯や協働の可能性にいかなる作用をもたらすのであろうか。

筆者は文化人類学という学問の手法、特に解釈人類学と呼ばれる方法論を用いて事象を分析することが多い。これはアメリカの人類学者クリフォード・ギアツ(Clifford Geertz)が中心となり確立した分野であるが、ギアツによれば私たちの文化は象徴(シンボル)というものを使った体系であり、その中で我々人間は「自ら紡ぎだした意味の織物」をまとった存在だと理解される（Geertz, 1973: 5）。つまり同一の象徴であっても各々がそれに違った意味を与えて、異なった複数の意味付けがなされ得る。しかし、ある共同体において、一つの意味が共有されれば、構成員たちはそれをもとに現実を理解するようになる。例えば、「米」という象徴一つとってみても、日本人の「米」に対する思いは実に豊かなものであるが、米を主食としない文化圏の人は、それに特別な意味を見出すことは少ない。このように、同じ象徴であっても、人と場所により、解釈もさまざまである。それに対して、文化と歴史を共有する集団においては、一つの象徴に対して一定の解釈が生まれる。

では次に、アジア圏におけるカトリック教徒の宗教的実践を各々の信者が置かれた社会的・歴史的な文脈を踏まえつつ考察していく。具体的には、筆者自身のリサーチに基づく東京近辺におけるカトリック信者の宗教実践と、他の研究者によるフィリピンでのカトリック教徒の二つの事例に対して、それぞれの共同体がカトリック信仰という「象徴」をいかに理解し、実践しているか、解釈人類学的アプローチで考察したい。

3　東京にみられるカトリックの「私的信仰」

筆者は二〇〇六年から翌二〇〇七年にかけて、東京大司教区を中心に、日本のカトリック教徒に関する現地調査を行った。文化人類学で用いられるエスノグラフィーというフィールドワークによって行動観察を行い、カトリックの信仰に関する人々の行動パターンや動機などを探った。

日本において、キリスト教徒は宗教上の少数派であり、その総数は人口の一％ほどと言われている。その中で、二〇二一年時点でカトリック信者は四三万一一〇〇人と発表され、これは日本の総人口の〇・三四％に過ぎない（カトリック中央協議会、二〇二二年）。しかし、近年、外国人居住者数の増加に伴い、フィリピン、ブラジル、ペルー、韓国、ベトナムなどから来日したカトリック教徒のミサへの出席が増え、日本のカトリック教会は大きな変化を迎えている（寺田勇文、二〇一〇年）。ここでは、筆者が行った東京近辺における日本人共同体調査の研究結果から、筆者が「私的信仰」（private faith）と名付けた事象（Omori, 2014）に関して紹介し、本章の後半で見るフィリピンの例と比べたい。まずは私的信仰の代表的な事例を紹介する。

二〇〇七年六月のとある日、筆者は東京都内のある教会を訪ね、一人の六〇代の女性から話を聞くことができた。その日の活動が終わり打ち解けた話ができるようになった頃にその女性は、「私ね、もう十四年も、『隠れ切支丹』していたんです、家で」と切り出した。この女性は家族の中でただ一人のキリスト教信者であり、夫も子どもも自分の信仰を理解してくれないという。そのため、日曜日に教会に行くときは、買い物に出かけるといって外出していた。この女性は教会に行くことを邪魔されないように、カトリックの信仰を家族に隠し続けたという。しかし、その後、夫の同僚が同じ教会に通っていたことから、夫の知るところとなってしまった（Omori, 2014）。

「隠れ切支丹」とは言うまでもないが、江戸時代に幕府がキリスト教を禁じた際、自分たちの信仰生活を続けるために切支丹であることを隠し迫害を逃れた人々のことである。明治に入り一八七三年にキリスト教は黙認されるようになったが（太田淑子、二〇〇四年、二〇二頁）、それ以降も、日本社会においてキリスト教は主要な宗教になることはなく、筆者が出会ったカトリック教徒の中に、その負の歴史の大きさを感じることが多かった。数世紀に及んだ禁教の記憶が、日本の信者の心の中にも歴史的記憶（historical memory）として刻まれていたといえる。第二次世界大戦中の奄美大島においてカトリック信者であった親族が受けた迫害を語ってくれた人もいれば、オウム真理教事件後、「宗教」の話を学校で聞き、自分がカトリック信者であるということを隠したいと訴えた子どもの話をしてくれた人もいた。前述の女性のように自身がカトリック信者であることを家族、同僚、友人に隠しながら教会に通うと筆者に打ち明けてくれた人は少なくなく、信仰を私的なものととらえる人に多く出会った。

禁教という歴史的記憶のほかにも、先に述べた女性信者たちの社会的立場や第二バチカン公会議において示された異文化容認の方針も、私的信仰の形成に影響を与えていると思われる。日本のカトリック教徒のうち六割が女性であり（カトリック中央協議会、二〇二二年）、特に週日の教会活動の大半は女性信徒が担っている。実地調査の際、自身の信仰について具体的な話をしてくれたのは、中年以上の既婚の女性に多かった。これらの人は嫁という立場を生きてきた人が多く、戦後、日本の男性が復興のために忙しく外で働く中、家を守り子育てをしながら、嫁入り先のお墓をも管理している人が少なくなかった。彼女たちの多くは、嫁ぎ先の舅姑に対してカトリックへの改宗を知らせてはいなかった。カトリック信者であることと、彼岸や盆の「家」の仏事を行うこととの間に矛盾を感じないという人が多かった。

キリスト教においては、信仰を公言し、布教に努めるのが、信者としての本来の姿であろう。しかし、日本のカトリック教会を指導する立場にある司教団は、親族家族のなかで唯一ひとりの信者の場合もあるという実情を把握しており、それに対応した指針を出している。先祖を仏壇に祀る習慣が日常生活の一部である家庭は今でも多い。日本の司教団は信者が先祖供養をすることを許容している。『カトリック教会の諸宗教対話の手引き― 実践Q＆A』（日本カトリック司教協議会諸宗教部門、二〇〇九年）によれば、カトリック信者が家の仏壇にお線香、ごはん、お酒などを供えることは、これらを愛のなせるわざとして善意をもって行うならば、毎日行っても良いとされている（六〇－六一頁）。また、家族のなかでただ一人のカトリック信者が死去した場合、遺族が強く望む場合には、仏式その他の方式での葬儀を行っても良いとされている（六六頁）。また、「神の母聖マリアの祭日」である元旦のミサには出席することを奨める一方、信者ではない家族や友人と神社に初詣に出かけたり、玄関先に門松を飾ることについても問題なしとしている（四〇－四一頁）。

つまり、日本のカトリック信者は、教会の方針に反することなく、嫁の務めとして家の仏壇を守り、信者ではない友人・家族と神社仏閣を訪れることができる。日本の文化習慣に関して寛容な姿勢でのぞむ司牧方針は、信者が自身の信仰を友人や家族に知らせることなく生活を送ることができるよう環境を整えることにもなる。言い換えれば、第二バチカン公会議以降の異教に対する寛容方針に加え、日本人信者の中でのキリスト教に対する負の歴史観や、既婚女性が先祖供養などにおいて嫁として担うべき役割などが、少なくとも東京近辺において確認された「私的信仰」と呼ぶべき事象の形成要因となっていると考えられる。

4 フィリピンのカトリック教会での宗教的実践

フィリピン本土におけるカトリック教会の特徴といえば、まず、ほぼ八割の国民がカトリック信者であるということであろう。プロテスタント諸派も含め、フィリピンはキリスト教の影響を色濃く受けている。カトリック教会によるフィリピンへの宣教はスペインによる植民地支配の歴史と深くつながっている。日本と同様に、フィリピンへの布教も一六世紀半ばに始まったが、日本では広く受け入れられることのなかったカトリック信仰は、フィリピンでは深く根を下ろした。フィリピン社会とカトリック教会の関係性には強固なものがあり、カトリック教会が社会的に優越した地位を占めている。町や村には守護聖人が定められ、その祝日には、町や村をあげてのお祭りになる。当日は町や村を一周する教会の行列や、特別なミサが行われ、家庭では特有の食事がつくられる（寺田勇文、二〇一〇年、九六頁）。

日本においても移住労働者として滞在するフィリピン人を見かけることがあるが、フィリピン政府は自国民の海外労働を奨励しており、過去四〇年にわたり移住労働者数は増加傾向にある。フィリピンの総人口の一割、およそ一〇〇〇万人が海外フィリピン労働者（Overseas Filipino Workers[OFWs]）として海外で労働に従事しており、彼らからの送金が、フィリピンの外貨獲得に貢献している（Bautista, 2015）。

このようなフィリピンの政治経済の実体は、同国のカトリック信者の世界観にも強く反映されている。社会人類学者ジュリウス・バウティスタ（Julius Bautista）が行ったパンパンガ州での実地調査によれば、海外で働くフィリピン人男性は、キリスト教の世界観を用い、海外における過酷な労働条件や、雇用研修、雇用斡旋事業主や雇用主との階級的人間関係などを維持し、耐え忍ぶ。バウティスタは彼らの宗教実践の様子を描写し、ひいてはカトリック教義が経済的分野にも影響を与える可能性を示唆する（Bautista, 2015）。

キリスト教の中心的な教えの一つに「犠牲」という概念がある。それは自分自身を他者に与えることにより、自分の罪ではなく他の人々の罪の贖いのために自らを献げたイエスの愛の行いに倣うと理解される。この概念を端的に表す象徴として使われるのが、磔刑のイエスというキリスト教の中心となる事象である。また、磔にいたるまでの様子はキリストの「受難劇」として世界各地で、特に復活祭という最も大切な祝日直前の聖週間中によく演じられる。このキリストの受難というテーマの音楽・演劇は世界各地で演じられるが、フィリピンではこの受難劇を実際にカトリック教徒が自分の体を鞭打ったり、十字架に釘づけられる行為をして演じられるという。

バウティスタによると、フィリピンの海外移住労働者は単純労働者が多く、彼らは雇用斡旋業者から、海外で雇用主から不当な扱いを受けたとしても、「『キリストのように』肉体的な本能を抑え、上下関係への恭順を優先させるように」と渡航前研修において厳しく指導されるという（Bautista, 2015: 430）。彼らは、知人や友人から、そうしたいわば屈辱的な状態を耐えられなければ海外での雇用は続かないと聞かされ、「男性的で傲慢」（kayabangan）な態度とは真逆の「謙遜・従順・屈服」といった精神的性質をカトリック教徒として、また新自由主義経済の枠組みの中で富を得る労働者として、必要だと理解する（Bautista, 2015: 430-431）。

バウティスタが出会ったパンパンガ州のカトリック信者は、海外フィリピン労働者として、十字架に至るまでのイエスに倣い、海外の過酷な労働環境のなかで、自らの心と体を修練する。また、海外移住労働で得た外貨を、自国へ送金することにより、家族のみならず母国をも経済的に支える。これらの行いは、自分を他者に与えることにより、イエスに倣った愛のわざを行うというカトリシズムの教えを用い理解され、実践される。

おわりに

本章では、筆者が東京近辺で行った実地調査で出会った日本人カトリック信者と、フィリピンにおける信者の宗教的実践を他の研究事例に依拠し考察した。

筆者が出会った東京近辺における日本人信者は宗教的少数者であるばかりでなく、その信仰を公にせず私的なものとする傾向がみられた。これにはいくつかの理由が挙げられるが、一つにはキリスト教禁教時代の負の歴史的記憶が人々の中に生きていること、また、仏教が宗教的主流である社会において、既婚女性が家の中で唯一ひとりのカトリック信者であった場合、嫁として家の仏事を行うことが多く、舅姑に自らの改宗を伝える事が憚られることなどがある。一方、カトリック教会は第二バチカン公会議を通じ、他宗教に対する寛容策へと方向転換をしたため、信者が他宗教を実践する家族・知人と神社仏閣に参拝したり、家で先祖供養をすることも可能となった。こういった複合的な理由が、東京近辺のカトリック信者が「私的信仰」を形成する要因の一部となっていると考察した。

一方、バウティスタが調査を行ったフィリピンでは、カトリック信者は大多数であり、カトリック教会は地域社会と密接な関係を結んでいる。パンパンガ州からの海外移住労働者は、キリストが罪人として抵抗することなく捕えられる姿に倣い、過酷な労働条件を耐え忍び、雇用主にも従順・屈服の姿勢を保ち、自らの犠牲が家族や国といったより大きな共同体への益となるとし、心と身体を捧げる自分をキリストの姿に重ねる。

このようなフィリピン海外移住労働者の宗教実践は、先に見た東京近辺の宗教的少数者であるカトリック信者のそれと大きく異なる。このように同じアジア圏におけるカトリック教会に所属するものでも、歴史的・文化的背景、また自分の置かれた立場により同じ象徴（カトリック信仰）に与える意味は違ってくる。

二〇一三年に秋田で行われた聖母に関する集いを見れば、アジア共同体の構築はカトリック教会の教えという媒体を通して可能であるかのような印象を受ける。同じ宗教を持つことは一つの共通項として共同体をつくる際に役立つことこそあれ、否定的に働くことは少ないのではないかと考えたくなる。しかし、実際には、日本とフィリピンの例に見たように、社会的・歴史的背景に裏打ちされ、形成される人々の信仰に対する理解は、同じカトリシズムとはいえ多様であり、本章で見た限りアジア共同体の形成は容易ではないと思われる。

本章では、東京近辺とフィリピンの一地域のカトリック信仰の形態を取り上げたが、別の地域（例えば日本と韓国）や、別の側面（例えば先祖供養とカトリック信仰など）を取り上げることによって、違った切り口でカトリック教会とアジア共同体の可能性を探ることも可能であろう。例えば、聖母マリアは多様なカトリック信者の中でも求心力を持った象徴（シンボル）として知られる。そういった意味では、秋田にみられるマリア信心に焦点を当てた時、カトリック信仰を通じた「アジア共同体」創生の可能性への希望がまだそこにあるのかも知れない。

【引用・参考文献】
Angrosino, Michael V. (1994). The Culture Concept and the Mission of the Roman Catholic Church. *American Anthropologist* 96 (4): 824-832.
Bautista, Julius (2015). Export-Quality Martyrs: Roman Catholicism and Transnational Labor in the Philippines. *Cultural Anthropology*, 30(3) 424-447.
Geertz, Clifford (1973). *The Interpretation of Cultures*. New York. Basic Books.
Llywelyn, Dorian. S.J. (2022). “Global Christianity: How Population and Demographic Shifts are Shaping the Future of the Catholic Church.” Institute for Advanced Catholic Studies at USC. https://dornsife.usc.edu/iacs
Omori, Hisako (2014). Private Faith: Social Memory, Gender and the Roman Catholic Church in Contemporary Tokyo. *Culture and Religion* 15 (1): 39-57.
Pew Research Center (2013). “Global Catholic Population.” https://www.pewresearch.org/religion/2013/02/13/the-global-catholic-population/
Phan, Peter C., ed. (2011). *Christianities in Asia*. Wiley-Blackwell.
太田淑子（二〇〇四年）『日本、キリスト教との邂逅―二つの時代に見る受容と葛藤』オリエンス宗教研究所。
カトリック中央協議会司教協議会事務部広報課（二〇二二年）「カトリック教会現勢」カトリック中央協議会。
寺田勇文（二〇一〇年）「海外からの移住者と宗教実践―東京大司教区のフィリピン人共同体を中心にして」私市正年・寺田勇文・赤堀雅幸編『グローバル化の中の宗教：衰退・再生・変貌』上

智大学出版。

日本カトリック司教協議会 諸宗教部門編（二〇〇九年）『カトリック教会の諸宗教対話の手引き――実践Q＆A』カトリック中央協議会。

安田貞治（二〇〇〇年）『聖母マリア像の涙』エンデルレ書店。
＊本研究の一部は国際交流基金による研究費の助成を受けたものです。
（大森久子）

Suppaleuk Sarpphaitoon（スパルーク・サファイトゥーン）第7章担当
国際教養大学国際教養学部助教

Sunida Aroonpipat（スニーダ・アルンピパット）第8章担当
タマサート大学政治学部准教授

前中ひろみ（まえなか・ひろみ）第9章担当
国際教養大学名誉教授

水野智仁（みずの・のりひと）第10章担当・編者
国際教養大学国際教養学部教授

大森久子（おおもり・ひさこ）第11章担当
国際教養大学国際教養学部准教授

◉訳　者

竹本周平（たけもと・しゅうへい）第6章翻訳担当
国際教養大学国際教養学部助教

俵　典和（たわら・のりかず）第7章翻訳担当
国際教養大学国際教養学部准教授

水野智仁（みずの・のりひと）第4章、第8章翻訳担当
国際教養大学国際教養学部教授

【著者・訳者紹介】

◉著　者

熊谷嘉隆（くまがい・よしたか）はじめに担当・編者

国際教養大学国際教養学部教授・副学長

竹本周平（たけもと・しゅうへい）第1章担当

国際教養大学国際教養学部助教

呉座勇一（ござ・ゆういち）第2章担当

国際日本文化研究センター助教

松浦大悟（まつうら・だいご）第3章担当

元参議院議員・日本維新の会秋田第1選挙区支部長

何　明修（ホー・ミンショウ）第4章担当

國立台灣大學社會學系特聘教授

銭　俊華（チン・チュンワ）第5章担当

東京大学大学院総合文化研究科地域文化研究専攻博士課程

Prajak Kongkirati（プラジャック・コンキラティ）第6章担当

タマサート大学政治学部准教授

アジア共生の課題と展望
—国際教養大学での学際的試み—

■発　行——2024年２月29日　初版第１刷

■編　者——熊谷嘉隆・水野智仁

■発行者——中山元春

■発行所——株式会社芦書房

〒101－0048東京都千代田区神田司町２－５
電話03－3293－0556　FAX03－3293－0557
http://www.ashi.co.jp

■組　版——ニッタプリントサービス

■印刷・製本——モリモト印刷

ISBN978-4-7556-1330-2 C0031